日本の繁栄は、絶対に揺るがない

JAPAN'S PROSPERITY WILL NOT FALTER

不況を乗り越えるポイント

大川隆法

RYUHO OKAWA

まえがき

「世界同時不況」だとか、「世界恐慌《きょうこう》」だとか、「百年に一度の津波」だとか、ああ、言葉が一人歩きして、どうもマスコミはうるさすぎる。本当は危機に陥《おちい》っているのはマスコミの方なのである。インターネットや携帯《けいたい》電話の機能向上、フリーペーパーの広がりと、本物の経営危機はマスコミに忍び寄っている。「大事件」や「大悪人」が見つからなければ、それを創造しない限り食っていけないのである。賃下げやリストラを最も怖《おそ》れているのも、給料水準の高いマスコミ人である。世間の人々は、この、裏《うら》の仕組《しく》みをよく知っておいた方がよい。「不況」をメシの種にしている人たちがいるのだ。

私は、インターネットや携帯が登場して、マスコミがもてはやしていた時、「自分たちが、やがて失業するのがわからないのだろうか。」と素朴《そぼく》な疑問を投げかけていた一人である。

私たちは扇動《せんどう》されたり、洗脳《せんのう》されてはならない。軽佻浮薄《けいちょうふはく》な論調に流されてはならない。

こういう時こそ、良書をじっくりと読み込み、自分自身の生き方を振り返り、人類の未来を正しく見つめるべきだ。

いまさら、マルクスの亡霊《ぼうれい》などに取りすがってどうするのだ。時代の川は流れ下《くだ》って、一路《いちろ》、大海原《おおうなばら》へと向かっている。未来は明るい。確実に明るい。日本《にっぽん》の繁栄《はんえい》は、絶対に揺《ゆ》るがない。これがあなた方《がた》への答えである。

二〇〇九年　三月

幸福《こうふく》の科学総裁《かがくそうさい》　大川隆法《おおかわりゅうほう》

日本の繁栄は、絶対に揺るがない　目次

まえがき　1

第1章　不況《ふきょう》を乗り越《こ》えるポイント

1　今回の世界不況を〝つくった〟人たちとは　20
2　世界不況の背景で、本当は何が起きているのか　24
世界を牛耳《ぎゅうじ》ろうとする、未知なる〝詐欺師《さぎし》〟の出現　24
行き過ぎたコンピュータ社会に潜《ひそ》む危険とは　26
意図的な〝情報操作〟に踊《おど》らされないよう気をつけよ　28
原点に戻《もど》って、物事をシンプルに考えよう　31
3　インターネットや携帯《けいたい》電話に潜む〝盲点《もうてん》〟　33

インターネットと携帯電話のバブル破裂《はれつ》不況　33
便利になった一方で、「考える時間」が消えていないか　34
経営者にとって、「情報の質」は非常に重要である　37

4　不況期を乗り越えるために、今、経営者が見直すべきこと　41
時間の使い方を点検し、より重要なことに時間をシフトせよ　41
トップ自ら、直接、顧客《こきゃく》の声を聴《き》け　43
トップが現場に出ると、大きな「波及《はきゅう》効果」がある　46
社長の〝攻撃力《こうげきりょく》〟は社員の百倍ある　47
淘汰《とうた》されないためには、「聞く耳を持つ」こと　49

5　今こそ、トップが動くべきとき　50

第2章　成功への道は無限にある

1　無名でも「夢」だけは持っていた、若いころの私　54

2　「ダム経営」という思想の持つ力　56

松下幸之助《まつしたこうのすけ》は能力に限界がなかった人　56

〝経営の神様〟が語った「経営のコツ」とは　58

幸福の科学でも実証された「ダム経営」の強さ　61

3　国家の財政赤字を解消する秘策とは　65

国の予算制度には「ダム経営」の思想が欠けている　65

財政赤字の解消のために、予算の単年度制の改正を　68

4　こういう「考え方」が経営を危《あや》うくする　71

〝覇道的《はどうてき》な成功〟は長く続かない　71
不動産の担保価値を重視する経営には無理がある　73
5　今、「大恐慌《だいきょうこう》」が起きない理由　75
「一ドル一円」でも日本は潰《つぶ》れない　75
「恐怖心《きょうふしん》による不況」を起こさないために　79
6　「考え方」によって、道は開くことができる　82
目標の設定が「未来を切り開く力」となる　82
厳しい「選別の時代」に生き延びるには　84
7　「説得力」こそが発展の鍵《かぎ》である　87

第3章　未来への指針

1　大統領就任演説に隠《かく》されたオバマ氏の真意　92
予想通りに到来《とうらい》した「乱気流の時代」　92
金融《きんゆう》とイラク戦争についての〝敗戦〟宣言　93
アメリカ新政権がイラク撤退《てったい》を図った理由　96
オバマ大統領がアメリカ国民に伝えたかったこと　97
イスラエル軍による「ガザ侵攻《しんこう》」の真相　99
2　経済情勢の行方《ゆくえ》を読み解く　101
アメリカ経済は約一年で危機を脱《だっ》する　101
萎縮《いしゅく》する日本に必要な「未来への希望」　103

「二〇一一年に消費税率を上げる」という発言の真意 106

3 不況を乗り切る強い経営者となるために 109

不況だけが原因で潰れる会社はない 109
税金対策で赤字の会社は「厳しい反省」を 112
経営トップは常に「高い目標」にチャレンジせよ 114
不況も、見方を変えれば違《ちが》って見える 116
「ケインズ理論」は〝緊急避難《きんきゅうひなん》の経済学〟
――「企業家《きぎょうか》精神」と「教育投資」で危機を突破《とっぱ》せよ 118

第4章　信仰《しんこう》と富

1　「考える力」が人生をつくっていく　122
自分が「願い続けていること」が目の前に展開する　122
お金持ちになりたければ富を憎《にく》んではいけない　123
2　宗教は「富」をどう捉《とら》えてきたか　126
イエスの「ある言葉」が二千年間キリスト教徒を苦しめてきた　126
キリスト教が「富の否定」をしてしまった理由　127
教会のお金集めを批判して始まった、ルターの宗教改革　131
「資本主義の精神」につながる教えを説いたカルバン　132
欧米人《おうべいじん》には、富に対する一種の「原罪意識」がある　135

仏教のナーランダ学院には〝財務部〟があった　137

3　「信仰と富」の本当の関係　140

「商業の神」「貿易の神」でもあるヘルメス　140
「商売繁盛《はんじょう》」や「戦《いくさ》での勝利《しょうり》」を尊ぶ日本神道　142
イエスへの信仰を日本の儒学者《じゅがくしゃ》は理解できなかった　144
日本人は伝統的に「宗教を見る目」が肥《こ》えている　146
幸福の科学は、他《た》の宗教の意味を説明できる「本物の宗教」　149

4　富を「引き寄せる」正しい方法とは　151

大宇宙には「富」が満ち満ちている　151
神々の思いをキャッチすれば「信仰に基づく奇跡《きせき》」が起き始める　154
神々の投げる〝幸福の球〟を受け止められる人　155
嫉妬《しっと》深い人が成功できない理由　158

〝日本沈没《ちんぼつ》〟など、絶対にありえない 159

5 日本が「今の不況」を克服《こくふく》するには 163

日本の不況の原因は、実は「金融引き締《し》め政策」にある 163
攻撃を受けた「資本主義の精神」 166
公務員や新聞記者は「実体経済」をもっと知るべき 168
金利の引き上げを〝勝ち〟と見る日銀 170
三十兆円の「銀行紙幣《しへい》」の発行で景気は回復する 172
財政政策だけでなく「金融政策」を活用せよ 174
政府には「借金」だけでなく「資産」もある 176

第5章　日本《にっぽん》の繁栄は、絶対に揺《ゆ》るがない

1　暗黒思想に負けない「光の思想」を持て　180
経済は、人間の〝共通心理〟によって動いている　180
「日本の政治は悪い」という報道を鵜呑《うの》みにしていないか　184
「首相が安心して散歩できる国」は〝超《ちょう》先進国〟　187
他の民主主義国に今も残る〝戦国時代の思想〟　191

2　アメリカの〝ジャパナイゼーション〟が始まった　193
オバマ大統領の「対話」と「融和《ゆうわ》政策」とは、〝アメリカの日本化〟　193
アメリカ人の「所得格差」が、日本のレベルに向かおうとしている　195
日本の〝失われた十年〟を教訓にするアメリカ　197

3　日本は他の国々の「モデル」になれる　200
日本は公害問題を乗り越えた「環境《かんきょう》先進国」　200
日本は「国際紛争《ふんそう》の調停役」として最適の国　203

4　日本人は、もっと「英語力」に自信を持て　205
CNNやBBCの放送に「日本の話題」が出てこない理由　205
日本は、TOEIC受験者数が他国よりも圧倒的《あっとうてき》に多い　207
世界各国の人の〝下手な英語〟に驚《おど》ろいた、私のニューヨーク時代　210
日本人の英語は、文法的にも正確で分かりやすい　213

5　外国の発展をも進める、〝開かれた国〟づくりを　215
漢字文化を広げるのは良いこと　215
在日外国人にも漢字を教え、就職の支援《しえん》を　218
「世界の大国」として、日本で学びたい外国人を受け入れよ　219

外国産の物を輸入し始めて、国民はさらに豊かになった　222
輸入による消費景気を起こすべき時期が来ている　224

6　日本よ、世界のリーダーとして目を開け　227
日本のマスコミは、世界の最新情報をきちんと報道せよ　227
外国人にとっても、〝優《やさ》しく住みやすい国〟づくりを　229

7　「日本の時代」が始まろうとしている　232

あとがき　236

第1章

不況《ふきょう》を乗り越《こ》えるポイント

2008年11月23日（東京都・幸福の科学 東京正心館にて）

1　今回の世界不況《ふきょう》を〝つくった〟人たちとは

現在、世界的な不況《ふきょう》のなか、いろいろな経済問題が深刻化しつつあり、経営者をはじめ、ビジネスパーソンたちは、かなり深刻な思いをしていることでしょう。

そこで、重要度、緊急度《きんきゅうど》を考え、この第1章では、単刀直入に、「不況を乗り越《こ》えるポイント」について、私の著書『経営入門』（幸福の科学出版刊）の講義を兼《か》ね、現時点で考えるところを述べていきたいと思います。

今回の不況は、アメリカ発のものであり、「サブプライムローンの焦《こ》げ付き」から始まったと言われています。

サブプライムローンは、「信用力の低い低所得者層でも、『自分の持ち家を持てる』というアメリカンドリームを実現できるようにする」という、ブッシュ前大統領の政策を受けて、つくられた仕組みです。要するに、信用力が低く、収入も低い人に、家を持つためのお金を貸したわけです。

その金融《きんゆう》機関は、お金を貸すことで発生した債権《さいけん》を、単なる貸し付けにしておくのではなく証券化していました。さらに、その証券を小分けにしたものを複雑に組み合わせた「金融商品」をつくり、それを世界各地で売りさばいたのです。

つまり、その金融商品に、どのような債権が含《ふく》まれているのかが、直接には分からないようにして、リスクを世界中にばらまいたのです。

しかし、経済学の本道に立ち戻《もど》って考えれば、持ち金のある人や、家を持つのにふさわしい収入が見《み》込《こ》まれる人以外にお金を貸したら、借金はたいてい返済されず、金融機関に不良債権が発生することは明らかです。

結局、「サブプライムローンを証券化し、複雑な金融商品をつくる」ということは、不良債権が発生していることを分からなくするための仕組みだったのです。

その仕組みをつくった人たちは、理数系の非常に頭の良い人たちです。今回の不況は、知能の極《きわ》めて高い、理数系の天才たちがつくり出したものなのです。そのため、普通《ふつう》の人には、よく分からないのです。

しかし、原理そのものは、新しいものではありません。十年余り前、日本で、ある証券会社が潰《つぶ》れたことがあります。その会社では、株価下落による損失を隠《かく》すために、「飛ばし」といって、海外の子会社に損失を付け替えていました。サブプライムローンの問題は、これと似たようなことなのです。

本当は貸付金が回収できない状態になっているのに、それを分からないようにする仕組みを、複雑につくったわけです。

知能の非常に高い人たちが、金融工学を駆使《くし》してつくったため、当時、連邦《れんぽう》準備制度理事会議長だったアラン・グリーンスパン氏も、「今までローンを組めなかった人にも、貸し付けができるようになった」などと言って、それを手放しで称賛《しょうさん》していたようです。アメリカの連銀議長ができるような賢《かしこ》い人を騙《だま》せるぐらい、知能の高い人々がつくった〝芸術作品〟であったわけです。

それによって、アメリカは国家レベルで不況に突入《とつにゅう》し、さらに、アメリカ一国にとどまらず、世界にも不況の波が及《およ》んでいます。

不良債権が世界にまき散らされていて、「どのローンの焦げ付きが、いったい、どこへ回っているのか」ということが分からない状態になっています。

そういうことが今回の世界不況の発端《ほったん》です。いろいろと探せば、ほかにも原因を求めることはできるでしょうが、直接的には、今述べたようなことが原因なのです。

2　世界不況《ふきょう》の背景で、本当は何が起きているのか

世界を牛耳《ぎゅうじ》ろうとする、未知なる〝詐欺師《さぎし》〟の出現

ただ、世界レベルで不況《ふきょう》が深刻化してきている理由について、私は、もっと大きなマクロの目で、もう一段深く、その本質を見抜《みぬ》いていかなければならないと思います。

本当はいったい何が起きたのでしょうか。実際に起きている事態は、本当に、サブプライムローンだけの問題なのでしょうか。

実は、今、世界は、未知なる〝詐欺師《さぎし》〟に牛耳《ぎゅうじ》られようとしつつあるのです。これは、初めて経験する事態です。こうした〝第一波の攻撃《こうげき》〟というのは、なか

なか避《さ》けられないものなのです。

今、非常に頭の良い人たちが、数字をいじって、いろいろな金融《きんゆう》商品をつくり出し、仮想空間のなかだけでお金を動かしています。気をつけないと、ここで未来の悲劇が起きると思います。

もう少し分かりやすく述べましょう。

例えば、二十世紀には、ドイツに、ヒトラーという独裁者が出て、ユダヤ人を大量に殺したり、大戦争を起こしたりしました。

かつて、ファシズムの〝親分〟は、政治家兼《けん》軍事指導者として現れましたが、〝二十一世紀のヒトラー〟は、マイクロソフトやグーグルのような「情報産業系の大企業《だいきぎょう》」を起こせる人のなかから現れるのです。

すなわち、ほかの人が全然分からない仕組みをつくって世界のシステムを統一し、裏から情報操作をして世界を動かそうとする〝新しい独裁者〟が出てきたとき、ほとんどの人は分からないまま情報操作に踊《おど》らされ、ものすごい被害《ひがい》を受けることになるのです。

今回、サブプライムローンの破綻《はたん》によって、直接的に人が殺されているわけではありませんが、世界不況が起き、いろいろな国で倒産《とうさん》が数多く起きています。社員の解雇《かいこ》が数多く行われていますし、会社が潰《つぶ》れることによって自殺者もたくさん出ていることでしょう。

ですから、裏から情報操作をして世界を動かそうという〝陰謀《いんぼう》〟を考えている人がいたとしたら、その人が、結果的に、世界規模での大量殺人や不幸をつくり出している可能性もあるわけです。こういう怖《こわ》さを感じます。

行き過ぎたコンピュータ社会に潜《ひそ》む危険とは

最近、「イーグル・アイ」というアメリカ映画が公開されました。

その映画の設定では、ペンタゴン（アメリカ国防総省）にあるメインコンピュータが、国家の安全保障にかかわる問題を監視《かんし》していて、さまざまな情報を分析《ぶんせき》しています。

あるとき、砂漠《さばく》地帯のほうに、テロ容疑者がいるという情報が入ります。コンピュータは「その人が本当の容疑者である可能性は、五十一パーセントであり、データ不足なので、攻撃してはならない」と勧告《かんこく》するのですが、大統領は「攻撃しろ」と言って命令を出し、攻撃してしまうのです。

すると、そのコンピュータは、「自分の勧告に従わなかったのは国家の安全に抵触《ていしょく》する」と判断し、〝復讐《ふくしゅう》〟を始めます。民間のコンピュータから政府系のコンピュータまでを総動員し、大統領以下の政府要人たちを暗殺しようとするのです。

そして、コンピュータの勧告に従って攻撃に躊躇《ちゅうちょ》した人を、次の大統領にしようとします。そういうことまで、コンピュータが考えるというストーリーでした。

これは架空《かくう》の話ではありません。しかし、私たちの世界は、今、ある意味で、この映画で描《えが》かれていた世界のようになろうとしているのです。それは知っておいたほうがよいでしょう。

意図的な〝情報操作〟に踊《おど》らされないよう気をつけよ

コンピュータ社会のなかで、私たちは、情報というものに非常に敏感《びんかん》になっていて、インターネットで見た数字などをすぐ信じる傾向《けいこう》があります。

しかし、基礎《きそ》情報そのものが間違《まちが》っていたり、操作されたりしている場合には、それが正しいかどうかの判断はできなくなるわけです。

例えば、中国の人口は、今、約十三億人と言われていますが、本当の人口は分かりません。中国は「一人っ子政策」を長くやっていますが、実際には、「役所に届けているのは一人だけで、二人目以下の子供は届けていない」ということが現実にあり、政府当局でさえ、本当の人口をつかんでいないのです。

このように、基礎データ自体が間違っていたら、いくら情報を検索《けんさく》して調べたところで、何の意味もありません。

ロシアの経済についても、同じようなことが言えます。

旧ソ連が崩壊《ほうかい》したあと、ロシアの経済はガラガラと崩《くず》れ、表には出てこない地下経済、すなわち、闇取引《やみとりひき》による経済が非常に発達しました。

今の日本では、お店等での取引は、税務署がいちおう全部把握《はあく》していますが、税務署がまったく把握していないものが闇取引です。戦後の日本でよく見られた「闇米《やみごめ》の取引」と同じようなことです。

旧ソ連が崩壊したあとのロシアでは、そのような地下経済が非常に大きくなり、経済の実態が全然分からないため、統計などまったく信用できない状態だったのです。ただ、プーチン政権になってから、税制改革をして、経済の実態をだいぶつかめるようになってきているようです。

このように、各種機関が発表している統計のなかには、必ずしも実態を正確につかんでいないものもあります。そのため、経済の数値そのものも、やはり信用できないところはあります。

今は情報過多の時代ではありますが、情報に踊《おど》らされないよう気をつけなければいけません。紙の上に打ち出された数字や、画面上に出てきた数字を信じすぎることの〝怖さ〟を、知っておいたほうがよいでしょう。

また、「統計等は意図的につくれる」ということも知っておいたほうがよいと思います。例えば、政府が発表する経済指標等は、「今年は何パーセント成長にしよう」と結論を先に決め、それに合わせてつくることもできるのです。

そのため、信じていたら、ばかをみるところはあります。「景気が悪い」とか

「景気が良い」などと思わされ、間違った判断をさせられることもあるのです。

原点に戻《もど》って、物事をシンプルに考えよう

何が起きているのかが分からなくなってきたら、原点に戻《もど》り、本道に戻って、物事をシンプルに考え直すことが必要です。

前述したサブプライムローンについても、「低所得者層でも、『自前の家を持てる』というアメリカンドリームを本当に実現できるのか」とシンプルに考えてみたら、普通《ふつう》は、「そのようなローンは焦《こ》げ付くのが当たり前」という結論が出てくるはずです。

それと同じように、ほかのことについても、もう少しシンプルに考えないと危ないのです。

例えば、社長がコンピュータの情報だけを見て経営判断をしていると、経営危

機がやってきます。

コンピュータの情報だけではありません。内部の報告書類だけを見て判断することも同じです。情報というのは、いくらでも変化・変形させることができるので、とても怖いものでもあるのです。

したがって、不況期においては、原点に立ち帰る努力をしなければなりません。

特に、経営危機を感知している会社の経営者であるなら、物事の本質に立ち帰って、「そもそも、わが社は、いったい何をしている会社なのか」ということをよく考え、原点に戻った活動をしなければいけません。

それが、不況期を乗り越《こ》えるために、仕切り直しをする大きなポイントになると思います。

3　インターネットや携帯《けいたい》電話に潜《ひそ》む〝盲点《もうてん》〟

インターネットと携帯電話のバブル破裂《はれつ》不況《ふきょう》

本章の冒頭で、「サブプライムローンの破綻《はたん》による世界不況《ふきょう》」ということを言いましたが、もっとはっきり言い切ってしまえば、今の不況は、「インターネットと携帯《けいたい》電話のバブル破裂《はれつ》不況」なのです。

今のところ、こうしたことを言っている人は、新聞でもテレビでも雑誌でも見たことはありませんが、私は基本的にそう見ています。

インターネットの〝伝道師〟たちが、インターネットをそうとう広げ、多くの人がそれを使わなければいけないような風潮をつくっていきました。携帯電話についても同様です。

インターネットや携帯電話を発明し、世の中に広げて、お金を儲《もう》けた人たちは、賢《かしこ》いとは思います。しかし、インターネットや携帯電話を多用している、いわば〝儲けられた〟ほうの人たちは、実は、かなりばかをみている可能性が高いのです。

便利になった一方で、「考える時間」が消えていないか

何を言いたいかというと、「ここに一つの盲点《もうてん》がある」ということです。

つまり、インターネットや携帯電話をよく使っている人たちは、「一日の持ち時間は増えない」という原点を見落としているのです。

一日は二十四時間しかありません。その二十四時間を使って、私たちは生きなければいけません。

経営者にとっても、一新入社員にとっても、一日は二十四時間です。労働時間は八時間から十時間前後しかないわけです。

私たちは、「一日の時間が、いったい何に使われているか」ということを見直す必要があるのです。

すると、インターネットや携帯電話を使っている時間が、かなりあるのではないでしょうか。これらの時間が増えた分、逆に、減った時間、消えた時間があるはずです。

それは、実は「考える時間」です。「思索《しさく》し、考え、思想をつくる時間」が消えています。

それから、「判断を下すための時間」も消えています。

さらに、もう一つ、消えているものがあります。それは「本を読む時間」です。

ここで、私が述べたようなことは、百年ぐらい前の思想家たちが「新聞に警戒《けいかい》せよ」と言っていたことと同じことでもあります。

アーノルド・ベネット（イギリスの作家、評論家、ジャーナリスト。一八六七〜一九三一）という人は、「朝から新聞を読んでいる人がいるが、一日でいちばん貴重な時間を潰《つぶ》してしまい、損をしている。誰《だれ》にも邪魔《じゃま》されない、朝のまとまった時間は、もっと有意義なことに使うことが大事である」ということを述べています。（同氏の著作『自分の時間』〔三笠書房〕参照。）

この、新聞に対する警告は、その後、ラジオに対する警告になり、テレビに対する警告になっていきましたが、今はインターネットや携帯電話に対する警告になっているのです。

要するに、「一日の質が落ちていないか」ということの点検が要《い》ると、私は述べているのです。

経営者にとって、「情報の質」は非常に重要である

私の知っている、ある人の事例を述べましょう。

その人は、インターネットを使い始める前は、一年間に三百冊程度の本を読むような読書家であり、知的生産力も持っていました。

ところが、インターネットを使い始めたところ、けっこう〝はまって〟しまいました。インターネットを使って、いろいろな情報の検索《けんさく》をしていると、何だか賢くなったような気がするのです。

しかし、二年ぐらいの間《あいだ》に、その人の知的な質は、どんどん落ちていきました。あっという間《ま》に、本を読まなくなってしまったからです。

本人は賢くなったつもりでいたのが、いつの間にか、頭が悪くなっていきました。そのため、議論の質や物事の発想の質が落ちていったのですが、本人はなか

なかそれが分からないようでした。

携帯電話についても、同じことが言えます。いつでもかかってくる携帯電話は、深く物事を考えたり学んだりする上で、妨《さまた》げになることが非常に多くあります。

しかし、今、外を見れば、街を歩きながらでも、自転車に乗りながらでも、横断歩道を渡《わた》りながらでも、携帯電話を使っている人はたくさんいます。そういうことが習慣になりつつあるのです。

おしゃべりの世界で時間を潰せる人は、それでもかまわないと思います。しかし、昔でいう〝井戸端会議《いどばたかいぎ》〟などをしている暇《ひま》がない人たちは、携帯電話に、あまり長い時間つかまってはいけないのです。

インターネットの利用についても、やはり、「情報の質が低下していないかどうか」のチェックが必要です。

メールが普及《ふきゅう》し始めたころ、「一社員から社長に何でも連絡《れんらく》ができるようになり、階層性の打破《だは》につながる」と言われたこともありますが、「情報の質は、はたして、どの程度か」という点検が要《い》るのです。

これは実に大事なことです。経営者の判断にとって、情報の質は非常に大事です。「重要な情報に基づいて判断をしなければいけない」というのが、経営者の立場なのです。

数年前の〝ホリエモン騒動《そうどう》〟のとき、検察当局は、逮捕《たいほ》した堀江《ほりえ》氏のパソコンや携帯電話を、大変な労力を使って調べていました。一説によると、彼は一日数千件ものメールを読んで、判断していたそうです。

〝情報オタク〟であれば、そういうこともあるかもしれませんが、いかなる大会社の社長であったとしても、一日に数千件もの決裁や判断は、できるはずがないのです。それは不可能です。

ここまで行くと、もう〝趣味《しゅみ》の世界〟です。それは、「メールを見ないでは、いられない」という中毒にかかっているのであり、本当に重要な判断が、そんなに数多くあるはずがないのです。数千件もあれば、一般《いっぱん》社員レベルのものや、いわゆるガセネタレベルのものが、いくらでも入ってきている状態だろうと思います。

そういう情報を、一日中、相手にしていると、肝心な、会社全体の方針や危機管理、あるいは、外部環境《かんきょう》の大きな変化についてのマクロ的な視点が抜《ぬ》けていきます。そして、自社の内部論理だけで走っていき、危機が迫《せま》っていても分からなくなるのです。

4 不況期《ふきょうき》を乗り越《こ》えるために、今、経営者が見直すべきこと

時間の使い方を点検し、より重要なことに時間をシフトせよ

以上のことを踏《ふ》まえ、今、経営者のみなさんに述べたいことは、次の二点です。

不況期《ふきょうき》を乗り越《こ》えるためには、まず、自分の「一日の時間の使い方」を点検することが必要です。

もし、あなたの重要な時間をはっきりと奪《うば》っているものがあったら、たとえ、それが、どのような上手な売り文句、時代の先端《せんたん》を行っているかのような宣伝文句を伴《ともな》うものであったとしても、それについては、勇気を持って切らなければいけません。

パソコンなどを使う時間を削減《さくげん》し、もっと大事なことに時間をシフトする必要があるのです。

パソコンは、事務仕事や、機械をつくるような理工系の仕事をする上では、非常に重要なものではありますが、経営判断のレベルになると「使いで」としてはかなり落ちてくるのです。

また、私のような宗教家や思想家の場合、インターネットで検索《けんさく》して集めた〝雑情報〟を読んでも、ほとんど意味がありません。もっと難しくて読むのに時間のかかるような本を、じっくりと読み込《こ》みながら、繰《く》り返し繰り返し考えなければ、思想というものは紡《つむ》げないのです。そういう「孤独《こどく》な時間」を確保しないかぎり、はっきり言って思想の質やレベルが落ちてくるのです。

経営者においても同じく、「孤独の時間」を確保しないと、経営判断のレベルが落ちてきます。

その意味で、当会の精舎《しょうじゃ》研修で、ときどき、沈黙行《ちんもくぎょう》などをすることは、インターネットや携帯《けいたい》電話の〝中毒〟から逃《のが》れるために、非常に良いことだと思います。

まず、一点目として、「文明の利器は進んでいるが、時間を奪われていることがそうとう多いので、『自分は、本当に重要な時間を確保できているか。何かの中毒に染まり、時間を奪われていないか』を点検せよ」ということを言っておきたいと思います。

トップ自ら、直接、顧客《こきゃく》の声を聴《き》け

二点目として言っておきたいことは、「商売が傾《かたむ》いているときや、あまりうまくいっていないときには、経営トップが間接情報を中心に判断していることが多いので、直接、顧客《こきゃく》に会わなければいけない。そういう時期である」ということです。これは一点目ともつながることでしょう。

会社や店が傾いているときは、社長なり経営者なりが、直接、お客さまの話を聴《き》かなければいけません。会って話を聴き、「わが社の製品、商品、サービスについて、どう思っているのか。どう感じているのか」ということを伺《うかが》わなければいけません。そういう時期なのです。

間接的に聴いても、部下を通すと、悪い報告が上がってこないのです。それが、潰《つぶ》れる会社の特徴《とくちょう》です。

悪い情報は、途中《とちゅう》の段階ですべてシャットアウトされ、良い報告だけが上がってくるようになり、トップは〝イエスマン〟ばかりに囲まれるようになります。会社が潰れる前の段階では必ずこうなるのです。

これは、よそ事ではありません。例えば当会においても言えることです。その意味もあって、私も、二〇〇七年六月から、全国や海外の支部・精舎を、直接、回り始めています。

総裁が支部に行くのは、経営学的には非常に効率が悪いことです。なぜなら、教団の規模から見れば、一つの支部に集まる人数は非常に少ないからです。そのため、以前は、総合本部で説法を収録し、支部や精舎でそのＤＶＤを上映することが多かったのです。

しかし、実際に支部へ行ってみると、いろいろな会員の反応が分かります。それによって、「今、ニーズはどの辺にあるのか」「当会の運営のなかで、不十分な点はどこにあるのか」ということが分かるのです。

そうすると、総合本部で会議をしなくても、直接、会員と話をしている時点で結論が出てしまい、あとは実行するだけになったりします。

ところが、情報が下から順番に上がってくるのを待っていると、何カ月もかかったりしますし、上がってこないこともあります。その意味で、直接会うことによる効用は非常に大きいのです。

トップが現場に出ると、大きな「波及《はきゅう》効果」がある

トップが、「普段《ふだん》、自分を取り囲んでいる人たち」ではない人に直接会うことの効用としては、「波及《はきゅう》効果」というものもあります。

例えば、私が支部で説法をし始めると、話を直接に聴く人の人数は限られているのに、「トップが陣頭《じんとう》に立って、直接、語りかけている」という効果が、ほかのところに波及しているのです。

支部や精舎《しょうじゃ》を回り始めて一年数カ月（説法当時）たちましたが、それ以前と比べ、伝道活動がよりいっそう盛り上がっています。この波及効果は大きいのです。

支部で説法した場合、その場で話を聴ける人は、そう多い人数ではありませんが、総裁の意志がきちんと教団全体に伝わっています。

これは当会で起きていることですが、みなさんの会社でも、おそらく同じよう

なことが起きるだろうと思います。

トップが陣頭に立って動き始めると、「社長は本気である」ということが伝わり、社員も本気になって動き始めるのです。

社長の〝攻撃力《こうげきりょく》〟は社員の百倍ある

会社組織には、社長以下、重役、部長、課長、係長や主任、平社員がいて、その間を、いろいろな間接情報が上がったり下りたりしているでしょう。

ところが、トップが、重要なお客さまのところを回ると、直接、情報が入ってきます。さらには、相手に与えるインパクトも大きいのです。

前述した「機械文明の恩恵」とは正反対になりますが、「人対人」の結び付きの力は、かなり大きいものがあります。

特にトップの〝攻撃力《こうげきりょく》〟は非常に大きく、一定以上の規模の会社の場合、社長自らがお得意さまを訪問することには、普通の社員の百倍ぐらいの〝攻撃力〟があるのです。

先方が不在の場合は、社長が名刺《めいし》を置いてくるだけでも効果があります。「社長が来た」ということで、相手としても、何らかの返答をしなければいけなくなりますし、社長が来た用件を推測し、「あの件かな」と分かれば、対応を検討し始めることもあります。そのように、名刺一枚でも効果は大きいのです。

不況のときは、もう一度、社長としての原点に戻《もど》ったほうがよいのです。

他社の社長が、携帯電話ぐらいで用件を済ませたり、情報を取ったりしているときに、社長自身が直接に訪問するとなったら、この差は、かなり大きいのです。

したがって、大事なお客さまのところには、直接に足を運ぶ努力を惜《お》しんではなりません。

トップの〝攻撃力〟は社員の百倍あるのですから、時間が無駄《むだ》になることなどありません。「電話なら一分で済むのに」と思うかもしれません。直接出向いたら三十分かかるかもしれません。しかし、その三十分は無駄ではないのです。必ず元は取れるのです。

淘汰《とうた》されないためには、「聞く耳を持つ」こと

最も重要なことは「トップが聞く耳を持つ」ことです。

すべての業種が潰れることはありませんが、今は、競争が激化しているので、そのなかで淘汰《とうた》される会社も出てくることでしょう。

「わが社が淘汰される側に回るかどうか」ということは、自分ではなかなか分からないものです。これは、お客さまのクレームを聴く以外に方法がありません。お客さまから率直な意見を聴く態勢を取らないかぎり、分からないのです。

トップは、聞く耳を持たなければなりません。その意味で、不況期は、あまり

内部管理ばかりしてはいけない時期でもあります。

5 今こそ、トップが動くべきとき

最後に、もう一度、不況期《ふきょうき》を乗り越《こ》えるためのポイントを確認しておきましょう。

一点目は、「一日の時間管理を徹底《てってい》して、重要なことに自分の時間を使うように努力せよ」ということです。

コマーシャルや世間の風潮に流されずに、自分にとって重要な時間を確保してください。それは、思索《しさく》を練ったり、判断をしたりするための時間です。

言葉を換《か》えれば、経営トップには、「孤独《こどく》な時間」の確保がどうしても必要なのです。重要なことについては、しっかり考えを練らなければいけないからです。

二点目は、「不況のときには、トップは、やはり率先垂範型《そっせんすいはんがた》で動かなければ駄目《だめ》である」ということです。

現在の日本経済について、ある人は「全治三年」と言っています。三年かどうかは分かりませんが、ここ何年かは、やはり、トップが率先垂範して動かないと危険です。そうでなければ、その会社は潰《つぶ》れる可能性があるのです。

ここの部分が、必ず他社との差別化につながります。相手から、「あなたの会社は社長が直々に来たけれども、別の会社からは電話がかかってきただけだ」というように思われたならば、この差はけっこう大きいのです。

「今こそ、トップが動くべき時期である」と述べておきたいと思います。

第2章

成功への道は無限にある

2008年10月26日（和歌山県・幸福の科学 和歌山支部精舎にて）

1　無名でも「夢」だけは持っていた、若いころの私

本章では、「成功への道は無限にある」という題で述べていきたいと思います。昔の話になりますが、私は、学生時代から三十歳《さい》ぐらいまでのころ、徳島と和歌山の間をフェリーでよく行き来していたことがあります。当時は、本州四国連絡橋《れんらくきょう》がまだ開通していなかったので、実家のある徳島と大阪・東京との行き来にフェリーを利用していたのです。

当時、私はフェリーの甲板《かんぱん》に出て、潮風を受けながら、いろいろなことを考えていました。まだ、若くて、無名で、貧しかったころですが、しかし、夢だけは持っていました。

フェリーに乗っている二時間半ぐらいの間、甲板のベンチに座ったり、甲板に立ったりして、海上の空気を吸っていたことを覚えています。

未来は、まだ霧《きり》のなかであり、十分には見えていませんでした。

十代から二十代の私は、まだ「何者でもなかった」と思います。今は「何者でもない」とは思っていません。「何者かではある」と思っています。

ただ、何者かではあるが、「どこまでの者であるか」ということを、最終的に棺桶《かんおけ》のふたが閉まるまでに、実績によって固めなければいけないと思っています。

2 「ダム経営」という思想の持つ力

松下幸之助《まつしたこうのすけ》は能力に限界がなかった人

和歌山県出身の有名人に松下幸之助《まつしたこうのすけ》がいます。彼は、実家がコメの相場取引で失敗したために、小学校中退で大阪のほうに丁稚奉公《でっちぼうこう》に出されました。それからあとの「立身出世物語」は、ご存じのとおりです。

その松下幸之助の言葉として、よく出てくるものの一つが、本章のテーマである「成功への道は無限にある」という言葉です。彼は、この言葉をよく語っていて、私も若いころには彼の本をいろいろと愛読していました。

そのように、「何も手持ちなし」「元手なし」で、一代で立身出世していった人の生き方、考え方というのは、とても参考になります。

「親が偉《えら》くて、そのまま財産や地位を受け継《つ》いだ」ということならともかく、実家が潰《つぶ》れて、丁稚奉公に行くところから、松下電器（今のパナソニック）をつくり、何十万人もの人を雇用《こよう》し、全世界の経済にまで影響《えいきょう》を与える存在となりました。

さらに、晩年は、家電メーカーの社長では納まり切らず、PHP運動（繁栄《はんえい》によって幸福と平和をもたらそうとする啓蒙《けいもう》運動）を始めたり、国家へも数多く意見を具申《ぐしん》したり、政治家づくりをしたりと、ある意味で、能力に限界がなかった人です。

普通《ふつう》は六十歳《さい》か六十五歳になったら、能力的にはもうあとがないのですが、七十歳になっても八十歳になっても、能力に天井《てんじょう》が来なかった人です。八十歳を過ぎても、まだまだ、新しいことをいつも試みていましたし、九十歳を過ぎても、まだいろいろと発言していました。

本人は百二十歳ぐらいまでやる気であったそうですが、日本では数少ない、珍《めずら》しい人だと思います。九十代ぐらいで、まだまだチャレンジしている人というのは、ほかにもいないことはありませんが、数は少ないと思います。

〝経営の神様〟が語った「経営のコツ」とは

松下幸之助は、もともとの出発点は低く、元手もあまり持っていなかったので、経験を智慧《ちえ》に変えて成功していった人です。そういう人の言葉は、やはり、珠玉《しゅぎょく》の言葉です。学問的ではないのですが、経験から出てきた言葉には、オリジナリティーや独創性が、あちこちに光っていて、とても参考になりました。

例えば、彼の有名な言葉の一つに、「雨が降れば傘《かさ》をさす」というものがあります。禅問答《ぜんもんどう》のようですが、これは〝経営のコツ〟を言っているのです。

あるとき、松下幸之助が、「あなたは、経営の名人とか経営の神様とか言われているけれども、経営のコツとは何でしょうか」と問われたときに、「まあ、『雨が降れば傘をさす』ということですな」という答えをしたのです。

経営のことが分からない人が聞けば、煙《けむ》に巻かれるような言葉でしょう。「雨が降ったら傘をさす」というのは、天地自然の理《り》からいって、ごく当たり前のことです。雨が降ったら、一般的《いっぱんてき》には、傘をさすか屋根の下に入るべきであり、これは天地自然の理です。

この言葉は、一種の譬《たと》えで言ったわけですが、経営も同じで、「晴れの日もあれば、雨の日もある。もちろん、風の日もあり、曇《くも》りの日もある。いろいろな日があるけれども、雨が降ったら傘をさしなさい」ということなのです。

「雨が降る」とは、どういうことかというと、それは、不況《ふきょう》のとき、あるいは経営が苦しいときです。「そういうときには、ごく自然に傘をさしなさい」と言っているのです。

晴れている日は、傘が要《い》らないので、身軽に歩いたらよいのです。そして、雨が降ったら、ごく自然に傘をさすことが大事です。

「その傘に当たるものが、いったい何であるかを、お考えください」ということでしょう。

彼自身は、「九十数年、自分は無理をせず、天地自然の理に合わせて生きてきた。そうしたら、大成功し、大きなものが出来上がった」というわけです。「なるほどな」と思う面があります。

「ごく当たり前のことを、当たり前にやってきたのだ」ということです。ただ、この「当たり前に」というのが、割に難しいことなのです。

幸福の科学でも実証された「ダム経営」の強さ

もう一つ、印象的な言葉として、「ダム経営」という言葉があります。「ダム経営」については、私も何度か言及《げんきゅう》したことがあります。

昔、松下幸之助が経営者を集めてセミナーを行《おこな》ったときに、「好況《こうきょう》・不況《ふきょう》の波にかかわらず、安定した経営をしていくためには、ダム経営というものが大事なのだ」という話をしたのです。

雨はいつも降るわけではないので、雨が降ったときに、水甕《みずがめ》であるダムに水をためておいて、必要なときに放流します。それによって、田畑を潤《うるお》すとともに、発電もしています。「雨が降ったときにだけ発電して、晴れたら発電が止まる」ということでは困るので、雨が降ったときに雨水をためておき、雨が降っていないときにも、少しずつ水を流しながらタービンを回し続けて発電するわけです。

これが「ダム経営」の考え方です。水量を調整するダムという考え方は非常に大事であり、「このダム経営というものを一つ頭のなかに入れておけば、非常に安定した発展が望める」ということを彼は教えています。

これは、サラリーマンとしての立場で読んでいるうちは分からないかもしれません。私も、独立して、幸福の科学という団体をつくり、それを運営する段になってから、彼の言っている意味が本当によく分かるようになりました。雇《やと》われている身で、給料をもらっているうちは十分には分からなかったのですが、実際に自分がトップとしての決断を迫《せま》られたり、多くの人に対して責任を持つ立場になったりしたときに、「ダム経営の思想というのは非常に大事なのだな」ということが、よく分かったのです。

今、世間では、「ひどい不況だ」「金融恐慌《きんゆうきょうこう》前夜だ」など、いろいろなことが言われていますが、幸福の科学のほうは、景気の波に左右されることなく、堅実《けんじつ》に精舎建立《しょうじゃこんりゅう》の計画等を進めています。それはなぜかといえば、私がダム経営を実践《じっせん》してきたからです。今、当会は金融機関等からの借入金《しゃくにゅうきん》はゼロであり、無借金経営です。

一九九〇年代に一度、会員から借り入れをしたこともあるのですが、全額お返ししました。

私は、「たとえ会員からの借入金であろうとも、借入金は借入金であり、借りたものは返さなければいけない。使ってしまったら返せないではないか」という考えを持っていたので、「借入金に基づいて建物を建てたりするのは、あまり望ましいことではない」と思っていたのです。

経営、あるいは経済の本道から見て、借入金はやはり借入金であるので、全部お返しし、「本当に献金《けんきん》してくださったお金だけを積み立てて、設備投資をしよう」という考えでした。

幸福の科学は、規模から見て、他の宗教に比べて支部などの建物を建て始める時期は少し遅《おそ》かったと思います。普通の宗教なら、始まって数年で建物を建て始めるのでしょうが、幸福の科学は、一九八六年に立宗して、本格的に建物を建て始めるまでに十年ぐらいかかっています。

一九九六年に、宇都宮《うつのみや》に研修施設《しせつ》として「総本山《そうほんざん》・正心館《しょうしんかん》」を建てたあたりから、本格的に建物を建て始めました。そのように、十年ぐらい遅《おく》れたのですが、やり始めたら速いのです。海外の展開も、おそらく同じようになると思います。

これがダム経営の強さなのです。

3　国家の財政赤字を解消する秘策とは

国の予算制度には「ダム経営」の思想が欠けている

今、政府のほうは、「財政赤字だから、増税しなければいけない」という意見や、「減税、あるいは、〝ばらまき〟をして、景気を良くしなければいけない」という意見など、路線がいろいろ割れているようにも見えます。ただ、どちらの考え方のなかにも、ダム経営的な思想が抜《ぬ》けていると思うのです。

問題は「予算の単年度制」にあります。これは憲法に規定されていて、複数年度にまたがる予算は原則として認められていません。そのため、「その年度の予算は、その年度で使い切ってしまう」というかたちになっているのです。

しかし、この考え方をみなさんの家計に置き換《か》えてみたらどうなるでしょうか。あえて話を単純化すると、例えば、「年収が四百万円ある人が、その年に四百万円を全部使ってしまう」ということになります。そのようなことをして家計が成り立つかどうかを、考えてみてください。やはり無理があるでしょう。

四百万円の収入があって、それを全額使ってしまったら、例えば子供の教育費用などは、どうするのでしょうか。また、将来、「家を建てたい」「自動車を買いたい」と思ったときには、どうするのでしょうか。あるいは、老後の備えは、どうするのでしょうか。そのように、いろいろなことがあります。

そうすると、「四百万円が入ったら、その年に四百万円を使い切る」などという考え方は、やはり何かおかしいということが分かります。

また、入った四百万円を使い切るだけでなく、さらに、銀行からお金を借りたり、銀行以外のところから高い金利でお金を借りたり、お金がないのにカードで物を買っていたらどうでしょうか。借金がだんだん膨《ふく》らんでいきます。

予算の単年度制は、こういう考えと似ているのです。「増税すれば財政再建ができる」「財政出動で景気を良くするべきだ」などと言っていますが、本当は、そういうことではないのです。

私は、松下幸之助《まつしたこうのすけ》の「ダム経営」の考え方が良いと思うので、憲法を改正して、予算の単年度制を変えるべきだと思います。

景気には必ず波があり、良いときと悪いときがあります。景気が良いときは自然増収になります。予想に反して何兆円も余分に入ってくることがあります。あるいは、十兆円、二十兆円と、何十兆円も余分に入るときもあるのです。

しかし、予算の単年度制があるため、政府は、その年に〝無駄《むだ》なお金〟をパーッと使ってしまうのです。そして、景気が悪くなって、税収が減ってくると、今度は、「税率を上げる」「新しい税を何かつくる」などということを、すぐに言い始めます。これは悪い癖《くせ》です。諸悪の根源は、実は「予算の単年度制」なのです。

したがって、「国家的にもダム経営をします。景気の良いときには、当然、税収は増えるので、予想外に増えた税収については、不況時《ふきょうじ》のための積み立てとしてプールさせてもらいます。それについてはご了解ください。その代わり、不況のときに、突如《とつじょ》、増税するようなことはしません。好況時《こうきょうじ》には、不況のときのための積立金をきちんとプールしておきますので、『その分を返せ。減税せよ』などと言わないでください」と、国民にきちんと理解を求めることが大事です。

財政赤字の解消のために、予算の単年度制の改正を

国家のプロジェクトというのは、五年や十年はかかるものが多く、なかにはそれ以上かかるものもあるので、単年度で解決するようなものは少ないのです。物の売り買いのように単純なものではないので、長い目で見ないと、効率的に道路

もできないし、橋もできません。実際は単年度では無理なのです。したがって、この部分を変えなければいけません。これを変えれば、財政赤字は解決していくはずなのです。

「税収が増えたときに、それを貯《た》める」という思想がなければ、基本的に財政赤字はなくなりません。「その年に使い切ってしまう」というのでは借金ばかりになるはずです。

予算の単年度制を変えなければ駄目《だめ》であり、そのためには憲法改正が必要です。そうすれば、財政赤字の問題は解決します。私はそう思います。

やはり、「全部使い切ってしまう」という考えには無理があります。マスコミ等は批判するかもしれませんが、「制度の変更《へんこう》が必要なのだ」ということを、理路整然と説明しなくてはなりません。

景気には循環《じゅんかん》が必ずあるので、不況のときのために備えをするのは当たり前のことです。過去の歴史を見るかぎり、「景気の波がない」などということはありえません。必ず波は来ます。そのときの備えをしている人は、やはり賢《かしこ》いのです。それは、国家であれ、会社であれ、同じです。景気が良いときに浮《う》かれている会社は、景気が悪くなれば、当然、存続の危機に陥《おちい》ります。

幸福の科学の教団運営について言えば、好況でも不況でも、どちらでもいけるような体質になっています。

松下幸之助の「ダム経営」という思想が私の頭のなかに入っていなければ、〝自転車操業〟をしていたかもしれないと思います。

4　こういう「考え方」が経営を危《あや》うくする

〝覇道的《はどうてき》な成功〟は長く続かない

このように、「考え方」というものには、非常に力があるのです。長い年数のなかで試《ため》され、実効性があった考え方というのは、やはり今でも生きています。

経営者は、いろいろな思想を持っていますが、やはり、きちんとよく見て、最後まで成功し続けた人の考え方を受け入れることが大事です。

途中《とちゅう》まではうまくいっていても、あとでガシャッと潰《つぶ》れる人も数多くいます。これは〝天狗型《てんぐがた》〟の人です。このタイプの人の考え方のなかには何か欠陥《けっかん》があるので、気をつけなければいけません。

以前、某《ぼう》大手の安売りスーパーが快進撃《かいしんげき》をしているときに、私は「そんなやり方はありえない。そういう経営は危ない」と言ったことがありました。

そのスーパーは、「物価二分の一革命」というスローガンを掲《かか》げていました。要するに、「価格を二分の一に下げる」と言っているわけですが、価格をどんどん下げていった場合、「同業他社を競争で潰してシェアを拡大していく」ということ以外になく、経済理論的には、最後は倒産《とうさん》しか道はなくなります。「他社を潰し、それを食って、自分のところが大きくなっていく」という考えなのです。

そのようにして、自分の会社だけが生き延びるという考えなのですが、「それは、最後には自分も潰れる思想である」と私は見ていました。そのため、すでに一九八〇年代から、「この考え方は行き詰《づ》まる」ということを言っていたのですが、十年ぐらいたったら、そのとおりになりました。考え方というのは、けっこう怖《こわ》いのです。

松下幸之助《まつしたこうのすけ》も、そのスーパーの経営の仕方を、「王道ではなく、覇道《はどう》である」と言っていました。

ものの考え方には、いろいろなものがあるので、覇道的なやり方でも、ある程度まではうまくいくこともありますが、それで最後までうまくいくかどうかという問題があります。王道であれば最後まで成功で進んでいきますが、覇道の場合は、あるところまではうまくいっても、途中でガサッと崩《くず》れることがあるのです。

不動産の担保価値を重視する経営には無理がある

また、不動産を担保にして、会社の規模を膨《ふく》らませて大きくしていった、大手のデパートもありました。駅前の一等地に大きな土地を買い、そのような良い場所にものすごく大きい建物を建てていましたが、私は、売っている商品の単価から見て、「本当にこれで大丈夫《だいじょうぶ》なのかな」と思っていました。

そのデパートは、物を売るよりも、不動産の担保価値のほうを重視した経営をしていました。実は、そのような経営手法を研究して博士号《はくしごう》を取得した人が、トップをしていたのです。

不動産が値上がりを続けているかぎり、一等地の大きな不動産を買い続けていけば担保価値が増えるので、「それに基づいて銀行からの借入金《しゃくにゅうきん》を増やし、また不動産を買って担保価値を増やす」というやり方で、無限に成長できるような気持ちになっていたのだと思います。

ただ、売っている物自体は、日用品など金額の小さなものが中心なので、「少し無理があるな」と私は見ていたのですが、やはり予想どおりになりました。

借入金はあくまで借入金であり、いずれは返さなければいけないものなので、右肩上《みぎかたあ》がりの流れが逆になった場合には会社が潰れるのです。そういうことが言えます。

5　今、「大恐慌《だいきょうこう》」が起きない理由

「一ドル一円」でも日本は潰《つぶ》れない

それから、最近は円高傾向《けいこう》にありますが、一般《いっぱん》に、「輸出においては、円安のときのほうが、外国の人がたくさん買ってくれるので儲《もう》かる。輸入においては、円高のときのほうが、外国の物が安く買えるので輸入業者は楽になる」と言われています。

こういう外国為替《かわせ》、国際金融《きんゆう》の世界においては、ドルと円、あるいはユーロと円の交換《こうかん》比率が日ごとに変わってきて、輸出と輸入に影響《えいきょう》を与えるのです。

私は、今は宗教家ですが、商社に勤めていたときには国際金融のプロフェッショナルでした。経済や経営について、私はほかの宗教家よりも少し厳しいことを言っているかもしれませんが、それは、ある程度、見えるところがあるからです。

一九八二年から八三年ごろ、私はアメリカに行っていました。一九七〇年代に、「一ドル三百六十円」という固定相場制度が崩《くず》れて自由相場になり、一ドル三百円あたりをうろうろしたあと、三百円を切りましたが、私がアメリカに行ったときは、ちょうど一ドル二百七十円から二百八十円ぐらいのころです。

私は、外国為替の実務担当者兼《けん》責任者として行っていたのですが、一ドル二百七十円から二百八十円というのは、私の感覚として、どう見てもおかしく感じたのです。

なぜかというと、特にニューヨークの駐在員《ちゅうざいいん》たちは、みな、一ドル百円とみなして計算していたからです。「生活するときに、一ドル三百円近いレートで考えてはいけない。一ドル百円だと思って、物を買ったり、お金を使ったりしなさい」と言っていたのです。

これを、専門的な言葉では「購買力平価説《こうばいりょくへいかせつ》」と言うのですが、要するに、「アメリカと同じものが、日本ではいくらで買えるかを見る」ということです。

一ドルが三百円近い値が付いているのに、駐在員たちは、実際に「一ドル百円」と考えて生活していたので、「将来的には、一ドル百円になるのは、当たり前だな」ということが感覚的に分かっていたのです。

そのため、私は、一ドル二百七十円から二百八十円のときに、「近いうちに二百円を割って、一ドル百九十円か百八十円ぐらいになります」と会社のほうにレポートを書いて提言したのですが、そのとおりになりました。そして、「もう少し先のことになりますが、次は百円を割ります」ということも言っていたのですが、これも、やがてそのとおりになりました。

一ドルが三百円台から二百円台になったころ、「日本は不況《ふきょう》になる。会社が潰《つぶ》れる」と大騒《おおさわ》ぎになっていましたし、二百円を割ったときにも、「不況になる。潰れる、潰れる」と言われていました。ところが、日本は潰れてはいません。最近は、百円を割ったため、また、「不況になる。潰れる」と言われていますが、そんなことはないと思います。

もし、円高が進んでいって、一ドル一円にまでなったら、「もう駄目《だめ》だ、潰れる」と言われるでしょう。

確かに、潰れるところもあるかもしれませんが、あえて発想を転換《てんかん》すれば、一ドル一円になったら、「アメリカ合衆国そのものを〝買い取る〟ことができる」という考え方もあるのです。日本が潰れても、アメリカの資産を買い取ってしまえば、事実上、国土が二十五倍ぐらいになるので、別にかまわないとも言えるわけです。

また、「潰れた国があったら、丸ごと買収してしまえばよい」という考えもありえます。おそらく、幾《いく》つかの国は、完全にお手上げ状態になって潰れるでしょう。そういう国を丸ごと買ってしまうという考えも、発想としてはありうるわけです。円高なのだから、買うことは可能です。

そんなことを考えつく人は誰《だれ》もいないでしょう。「一ドル一円まで行ったらアメリカを買えてしまう」と、私などは発想してしまいます。国際金融のプロというのは、そういう誰も考えていないことを考えるのです。

「恐怖心《きょうふしん》による不況《ふきょう》」を起こさないために

マスコミの報道だけを見ていると、とにかく悪いことばかり起きそうな気がします。彼らには、「悪いことを書けば売り上げが増える」と思ってやっている面もあるので、それにあまり乗せられてはいけません。

悪いことをたくさん書かれると、人々は怖《こわ》くなってくるので、財布《さいふ》のひもが締《し》まってきて、お金を使わなくなり、物が売れなくなって、本当の不況《ふきょう》がやってくるのです。

そのように、恐怖心《きょうふしん》のために不況が起きることもあるので、本当に公正中立な情報かどうかを、よく見極《みきわ》めないと危険です。

特に、一九二九年の大恐慌《だいきょうこう》になぞらえて、「大恐慌が来るぞ」と、新聞やテレビなどではずいぶん報じていますし、日本だけでなく、アメリカのテレビや週刊誌、新聞、あるいはイギリスの「エコノミスト」等の週刊誌を読んでも、似たような論調が出ていますが、現在と一九二九年当時とでは決定的に違《ちが》う点があるのです。

私は、「大恐慌になりません」と、はっきり述べていますが、一九二九年と決定的に違う点は「資金が流れている」ということです。あのときは資金が流れていませんでした。各国の協調が十分にできず、対応がばらばらだったのです。

しかし、今回は、各国が協調をしていて、資金の流れが詰《つ》まらないようにしています。そのため、「〝動脈硬化《こうか》〟を起こして血液が流れない」という事態は起きていないので、その意味で、大恐慌は起きないのです。

これは、国際金融の元プロとしての意見です。「昔とは状況《じょうきょう》が同じではないので、大恐慌は起きません。〝血液〟が流れているので大丈夫《だいじょうぶ》です」ということを述べているのです。

一時的に不況感はあるでしょうが、いろいろな意見に惑《まど》わされてフラフラするのではなく、心を定めて、まずは原点に立ち戻《もど》ることが大事です。「原点に立ち戻って、何をするか」を考えることです。

6　「考え方」によって、道は開くことができる

目標の設定が「未来を切り開く力」となる

どのような事態が来ても、未来は切り開いていけます。

ドラッカーという有名な経営学者がいましたが、彼も、「未来は予測できないが、未来を切り開くことはできる」ということを言っています。とても意味深い言葉だと思います。

どうすれば未来を切り開けるかというと、その答えとして、ドラッカーは、「目標を設定することである。目標を設定すれば、未来を切り開くことができる」ということを言っています。

確かに、人間は、目標があると、それに向けて努力するものです。例えば、「海外で仕事をしたい」という目標があれば、英語の勉強をしたくなってきます。むしろ、せざるをえなくなるでしょう。

未来は予測できませんが、「未来を切り開こう」と思うなら、強い意志を持って、目標をつくり、その目標に向けて頑張《がんば》ることが大事です。そうすれば、必ず道は開けてくるはずです。

未来は切り開くことができます。そして、目標こそが、未来を切り開く力となるのです。目標を設定して、それをやり遂《と》げようと努力することです。熱意を持って、一生懸命《いっしょうけんめい》、やり遂げようと努力し、多くの人の智慧《ちえ》を集めて、〝あの手この手〟で努力しているうちに、必ず、自然にそうなってくるのです。

私も、「幸福の科学を日本一の教団にします。世界宗教にします」と繰《く》り返し言っていますが、それは一種の目標です。そういう目標を繰り返し言い、その目標に向けて努力していくことで、未来は切り開いていけるのです。

その目標の達成は、人間の力によって、早くにも遅《おそ》くにも、どちらにでもなります。未来は人間の力によって切り開いていけるのです。

私は、「世界宗教にする」という目標を達成するのに、「好況《こうきょう》であるか、不況《ふきょう》であるか」などということは、まったく気にしていません。好況であろうと不況であろうと、やるべきことをやっていくだけです。好況であれば、経済的にも潤《うるお》っていて、熱心な活動をしやすいでしょうし、不況になったら不況になったで、人間は悩《なや》み事が増えるため、宗教の需要《じゅよう》もそれなりに増えるのです。

物事は考え方一つなのです。考え方によって、道を開くことはできるのです。

厳しい「選別の時代」に生き延びるには

今、世間では、「これから、不況になって苦しい時代が来る」と言われていますが、私としては、むしろ、「待ってました」という気持ちを持ちたいものだと思います。

どんな大不況や恐慌《きょうこう》が来たとしても、脇《わき》をキュッと締《し》めて頑張れば、乗り切ることができます。すべての会社が潰《つぶ》れるということはありえないのです。弱いところは潰れても、強いところは残ります。あるいは、創意工夫《そういくふう》をしているところは生き残るのです。

そういう苦しい時代というのは、普段《ふだん》は十分に見えなかった努力が見えてくる時代です。どこもうまくいっていたように見えたのが、ずさんな経営をしていたところと、一生懸命に水面下で努力していたところとが、それなりにはっきりと区別がついてくる時代です。そういう「選別の時代」が、今、始まろうとしているのです。

その選別の時代に生き延びるべく、努力し、精進し、道を開くことが大事です。

例えば、幸福の科学において、私が、この二十数年の間に出したアイデアは、数千ではきかず、万の単位になります。その万の単位に上るアイデアの蓄積《ちくせき》によって、現在まで発展してきているのです。これから先も、そうなるはずです。

その万の単位のアイデアが、どんなアイデアであったかということは、外からは見えません。ただ、そういう努力が、いろいろな状況《じょうきょう》のなかで成長し続けていくための原動力になると思っています。

どうか、目先のことにとらわれることなく、王道を歩んでください。その王道は、努力・精進《しょうじん》し、汗《あせ》を流し、智慧を絞《しぼ》り、熱意でもって道を切り開こうとする人の前に開けていくのです。

7 「説得力」こそが発展の鍵《かぎ》である

前節で述べたことを、もっと簡単な言葉で言い換《か》えましょう。発展したければ、「説得力」を持つことが大事です。一言で言えば説得力です。説得力のないものは発展しません。

傾《かたむ》いたところは、みな、説得力がないのです。要するに、「世間の人々を説得するだけの力がない。言葉がない。内容がない。実績がない」ということです。

みなさん自身が説得力のある人間になることが成功の王道です。また、そういう説得力のある人間になれたならば、お店の経営をしようと、会社の社員をしようと、会社の社長をしようと、何をしようとも、人生を成功させることができるのです。

説得力こそが発展の鍵《かぎ》です。みなさんの仕事が発展していくための鍵なのです。

どのようにして、他の人々に「良さ」を理解していただくかが大事です。

商売で言えば、サービスの良さ、商品の品質の良さ、使い心地《ごこち》の良さ、耐久性《たいきゅうせい》の良さ、安全性の高さ、経費効率の良さなど、いろいろなものがあると思いますが、そういう「良さ」が積み重なっていくことによって、道は開けるのです。

現在の不況《ふきょう》といわれるものも、ほとんどは、コンピュータ上の操作によって膨《ふく》らませていった数字上のお金が、積み木が崩《くず》れたような状況《じょうきょう》になったものです。

そういう画面上のお金をいじることばかりに、多くの頭の良い人たちが集中することを、私は望ましいこととは思いません。それよりも、やはり、「ものをきちんとつくること」が大事だと思うのです。

「もの」には、自動車や機械などのように形があって目に見えるもの（ハード）と、映画やいろいろな技術など、形のない情報やサービス（ソフト）があります。

こういう不況の時代には、とにかく汗水《あせみず》垂らして立派なものをつくり、そして、説得力を持って、「それがいかに素晴《すば》らしいものであるか」ということを他の人に伝えていくことが大事です。そうすれば、あらゆる業種において、発展・繁栄《はんえい》することは間違《まちが》いないでしょう。

これは、すべての道に通じることだと私は思います。どうか、そのように考えてください。

本章では、「成功への道は無限にある」ということについて述べました。何事にも通じる内容だと思うので、一部分なりとも参考にしてくだされば幸いです。

第3章

未来への指針

2009年1月25日（東京都・幸福の科学 東京正心館にて）

1　大統領就任演説に隠《かく》されたオバマ氏の真意

予想通りに到来《とうらい》した「乱気流の時代」

本年（二〇〇九年）一月、私は、『朝の来ない夜はない』（幸福の科学出版刊）という本を出しました。同書は、昨年、国内および海外の幸福の科学の支部や精舎《しょうじゃ》で、私が行った説法のなかから、政治・経済に関する内容のものを中心に収めた本です。私の著書としては珍《めずら》しく、時事性の高い内容になっていて、参考になることが多々あるのではないかと思います。

その本の第1章に収めた「朝の来ない夜はない」という演題の説法を、横浜中央支部で行ったのは、昨年一月のことです。その段階で、「この年（二〇〇八年）は大変な年になる。乱気流の時代に入るから、身も心も引き締《し》めるように」と、私は語りました。

「倒産《とうさん》も増え、失業者も増え、非常に不安定な時代になるが、すべての会社が倒産するわけではないので、今から心を引き締めておくように」といった予言的な内容の説法を行ったのです。その後、時代はそのように動いていきました。

金融《きんゆう》とイラク戦争についての〝敗戦〟宣言

さて、本章でも、政治・経済に関する時事的なテーマについて、現在の私の考えを述べていきたいと思います。

本年一月、オバマ氏が大統領に就任し、演説を行いました。公称《こうしょう》二百万人を集めての真冬の〝大〟就任式は、張り詰《つ》めた緊張感《きんちょうかん》の下《もと》に執《と》り行われました。アメリカが新しい希望の下に再生することができるのか、世界の人々も、かたずを呑《の》んで見守っていたことでしょう。

オバマ氏も心持ち緊張していたようです。実際に集まった二百万人もの人々を前に、その共通点を見つけて演説するということは、非常に難しいことです。そのため、就任演説の内容そのものは、残念ながら、多くの人々を熱狂《ねっきょう》させるには至らなかったと思います。

私は、このオバマ氏の大統領就任演説を、少なくとも四回以上は映像で見直し、新聞等に載《の》った演説の内容を七回ぐらい読みました。緻密《ちみつ》に読み込《こ》んだ結果、見えてきたものは、多くの人々が感じているものとは、若干、違《ちが》うかもしれません。

アメリカ国民は、今、一種の陶酔《とうすい》のなかにあります。七十パーセントから八十パーセントの人がオバマ大統領を支持しており、「この新しい指導者が、危機に陥《おちい》ったアメリカを救ってくれるに違いない」という期待と陶酔のなかにあるので、多くのアメリカ国民が感じたものと、私の感じたものとは、おそらく違っているでしょう。

大統領就任演説のなかで、私が感じ取ったものは、大きく言って二つあります。

一つは、「オバマ大統領は、アメリカの〝金融《きんゆう》敗戦〟を認めた」ということです。「自分たちは、金融においては世界最高の水準にあり、トップを走っている」と、アメリカの人々は自負しているはずですが、私は、就任演説のなかで、「オバマ大統領は、アメリカが金融敗戦をしたことを率直《そっちょく》に認めた」という印象を持ちました。

もう一つの印象は、「オバマ大統領は、アメリカがイラク戦争に、実質上、敗戦したことを認めた」ということです。「世界最強の軍事力を持つアメリカは、軍事力においてはイラクに負けなかったのに、戦争においては、実質上、敗れた」ということを、オバマ大統領が認めたように、私には感じられました。

アメリカ新政権がイラク撤退《てったい》を図った理由

報道管制によって、明らかにされていないため、理解している人はほとんどいませんが、オバマ大統領が、イラク戦争の実質上の敗戦を認めた背景にあるのは、この戦争による死者の数です。

イラク戦争の発端《ほったん》となったのは、二機の旅客機がワールドトレードセンターを襲《おそ》い、一機がペンタゴンを襲った、二〇〇一年の同時多発テロです。そのときに亡くなったアメリカ人の数は、三千人を少し上回るぐらいでした。

この同時多発テロのあと、ブッシュ前大統領は、アフガニスタンでの戦争を始め、二〇〇三年からはイラク戦争を始めました。イラク戦争におけるアメリカ人兵士の死者数は、公式には四千数百人と発表されています。

しかし、この人数は、戦闘《せんとう》やテロ等によって、現場で死亡した兵士の人数です。

病院に運ばれて亡くなったり、救急車のなかで亡くなったりした人は、そのなかには含まれていません。

厳重な報道管制が敷《し》かれているので、真実を知ることは容易ではありませんが、イラク戦争で亡くなったアメリカ人兵士の数は約七万人に上り、イラク人の死者は少なくとも百万人に上ると推定されています。

大統領であるオバマ氏は、この事実を当然つかんでいるはずです。そのため、彼は政権交代という機会を利用して、「敗戦した」とはっきりとは分からないようにしながら、事実上の「戦争の幕引き」を図ったのだと考えられるのです。

オバマ大統領がアメリカ国民に伝えたかったこと

かつてのベトナム戦争では、亡くなったアメリカ人兵士は約五万人と発表されています。そして、アメリカが介入《かいにゅう》した南ベトナム側の死者は約百万人、ラオス、カンボジアを含《ふく》む北ベトナム側の死者は約二百万人とも言われています。すなわち、「イラク戦争は、結果的にベトナム戦争に匹敵《ひってき》するぐらいの大きな戦争になった」ということです。

そのため、オバマ大統領は、イラクからの撤収《てっしゅう》を決めたのでしょう。「パキスタンとアフガニスタンの国境のあたりで、限定的にミサイルを撃《う》ち込んだりしながら、全体的には撤退戦をしている状態である」というのが、私の分析《ぶんせき》です。

アメリカは、世界最高を誇《ほこ》っている「金融と軍事」の二つの面において、〝敗戦〟を経験したのです。そして、この〝敗戦〟の内容をうっすらと感じ取っているアメリカ国民に対し、オバマ大統領は、「新しい希望の下に立ち上がろう」ということを、本当は言いたかったのです。

「敗戦を経験したわれわれは、今、新しく出直そうではないか。祖先たちも、さまざまな苦しみを乗り越《こ》えてきたのだ。まだ終わったわけではない。これから、やり直そう」と、彼は国民に呼びかけたのだと見てよいと思います。これが厳粛《げんしゅく》な事実です。

こうした背景もあって、これからの世界の舵取《かじと》りは非常に難しいものとなるでしょう。

イスラエル軍による「ガザ侵攻《しんこう》」の真相

世界の動きをどう見るかということについても、難しい面があると思います。例えば、オバマ大統領の就任後、パレスチナのガザ地区に侵攻《しんこう》していたイスラエル軍が撤退したことについて、日本のある大手新聞は、夕刊のコラムで、「オバマ大統領が登場するや否《いな》や、イスラエル軍がガザ地区から撤退した。さすがオバマ大統領だ」というようなことを書いていました。

水戸黄門《みとこうもん》か鞍馬天狗《くらまてんぐ》かというような、あるいは、スーパーマンかスパイダーマンかバットマンでも登場したかのような書き方で、手放しに喜んでいるようでした。日本のマスコミのレベルというものが、どの程度であるか、これを見ただけでよく分かります。

夕刊のコラムを書いているぐらいの人であれば、その新聞のトップレベルの書き手であることは間違いありませんが、イスラエルは、オバマ大統領が登場したから撤退したのではありません。

イスラエルは、オバマ大統領が就任する前に、「ハマス」というイスラエルに敵対する組織を、徹底的《てっていてき》に攻撃しておく必要があったのです。なぜなら、オバマ氏が大統領に就任したあと、イスラム勢力に対して融和政策をとったならば、イスラエルには国の存亡にかかわる危機が来るからです。そこで、イスラエルはアメリカの政権交代の前に、ガザに急襲をかけたのです。

つまり、大統領の交代と同時に、ガザ地区から撤退することは、最初から計算に入っていたはずです。

その因果関係が読めない日本のマスコミは、非常に情報音痴《おんち》であると言わざるをえません。それが私の感想です。

2　経済情勢の行方《ゆくえ》を読み解く

アメリカ経済は約一年で危機を脱《だっ》する

オバマ大統領が就任し、今後のアメリカ経済、および日本経済は、どうなっていくでしょうか。

オバマ大統領がとるであろう政策については、私は、『朝の来ない夜はない』のなかで、悲観的なことも述べましたが、政権発足《ほっそく》時の支持率が七十パーセントから八十パーセントであるという現実を見ると、「オバマ人気そのものは、およそ一年はもつ」と見てよいと思います。（就任一カ月後の支持率は六十パーセント前後）

そして、彼が組んだ「ドリームチーム」と言われる経済対策チームの顔ぶれ、実力から、その能力を推定すると、アメリカ経済は約一年で危機的な状況《じょうきょう》を脱《だっ》するものと思われます。

好況《こうきょう》にまで完全に戻《もど》すことはできませんが、おそらく今年一年で、危機的な状況は脱すると見てよいと思います。その後、アメリカ経済がどこまで回復するのか、あるいは好況にまで入るのかどうかについては、まだ、現時点では予断を許さないものがあります。これが私の推定です。

経済政策のすべてを大統領が決めるわけではなく、大統領の下にいる経済対策チームの人たちも辣腕《らつわん》を振《ふ》るうので、そうとうな効果は出るものだとは思います。

しかし、オバマ氏自身は、ウォールストリートを中心とする金融界《きんゆうかい》や、経済的に豊かな富裕者《ふゆうしゃ》に対して、あまりよくない感情を持っており、根本的に富を憎《にく》んでいる面はあります。

その意味で、投資家たちの心理が、もう一つ冷え込《こ》んでいること自体は事実であり、約一年で危機は脱するものの、その後、好況の軌道《きどう》を描《えが》くかどうかは、まだ、現時点では何とも言えません。

アメリカの国内経済については、一息つくところまでは行くとは思いますが、それが、日本経済や中国経済、その他の国々の経済に連動するかどうかということについては、保証の限りではないと言わざるをえません。

萎縮《いしゅく》する日本に必要な「未来への希望」

一方、日本経済はどうなっていくでしょうか。

『朝の来ない夜はない』のなかでも述べましたが、日本は、今回の世界不況《ふきょう》において、最も傷の浅かった国なので、もっと自信を持って胸を張るべき面はありました。また、世界の金融危機を止めるにあたって、そうとうな活躍《かつやく》をした面もあります。しかし、そうした内容については、国民に十分に伝えられているとは言えません。

そして、全体的な印象で見ると、〝信用収縮〟と言うべきか、やはり、昨年十二月ごろからの財布《さいふ》のひもの締《し》まり方は、かなり厳しくなっています。「将来的に、経済的な発展はあまりない」と思って消費を控《ひか》え、お金をあまり使わないようにする傾向《けいこう》が強く出てきています。

それは、街に出て、幾《いく》つかのデパートや専門店などを回り、そこに勤めている人たちの声を聴《き》いてみれば、すぐに分かります。街に出て声を聴いてみるということは、今、非常に大事なことです。現場の声を聴いてみれば、分かることは数多くあります。

例えば、デパートの売り上げは、昨年の同じ月に比べ、十パーセントぐらい落ちています。特に貴金属などの高額商品では、クリスマス商戦あたりから、すでに売り上げが落ち込んでいるのです。

従来は数十万円ぐらいのものを手に取って見ていたような人たちが、その辺りのものを見なくなり、もっと安い、数万円から十万円台ぐらいのものを手に取って、買わずに戻す。あるいは、手にも取らずに見て帰る。そのようになってきています。未来に対して非常に悲観的になっていて、萎縮《いしゅく》していると言わざるをえません。

こうした状況にあって、今の日本に本当に必要とされているものは、やはり「希望」です。未来に向けての希望なのです。

「日本は、どのような国になっていくのか。日本を、どのような国にしていきたいのか」ということについて、やはり発展的なものの考え方を打ち出していくことが、非常に大事であると思います。

「二〇一一年に消費税率を上げる」という発言の真意

現在の政権に関しては、金融危機の初動期において、麻生《あそう》首相がリーダーシップを取るために世界各地に飛んだり、IMF（国際通貨基金）に資金を提供し、世界各国の連鎖倒産《れんさとうさん》を止めたりと、かなりの成功を収めたと思います。

しかし、定額給付金の〝ばらまき〟を巡《めぐ》っての騒動《そうどう》や、「二〇一一年に消費税率を上げる」といった麻生首相の発言などを見ると、やや迷走気味ではあるかと思います。

この発言の真意を読み解くとすれば、おそらく、「二兆円の〝ばらまき〟は、公明党から要請《ようせい》されたものであり、連立維持《いじ》のために呑《の》まざるをえなかったけれども、本心においては自分は反対である」ということでしょう。「二〇一一年に消費税率を上げる」ということを明らかにして、「自分の本心は〝ばらまき〟に反対である」ということを、実は言いたかったのだろうと、私は推測しています。

この定額給付金の〝ばらまき〟に対しては、「反対」ののろしを上げ、結果的に離党した議員もいました。自民党支持者のなかにも、この〝ばらまき〟を否定する人は、かなりいるので、この反乱は、自民党支持者が離《はな》れないための〝陽動作戦〟として、〝一種のガス抜《ぬ》き〟のためにとられた面もあると思われます。今は反乱によって厳しい扱《あつか》いを受けても、いずれ、それなりの処遇《しょぐう》をされるのではないかと、私は見ています。

それから、自民党内の一部議員が、消費税率を上げることに対して抵抗《ていこう》していいます。外から見れば内部抗争に見えますが、これも、「党内に反対の声がなく、あまり一枚岩に見えすぎると、自民党が批判にさらされる」という面があるので、あえて、そうしているのではないかと思います。

いずれにせよ、政治に関しては、そう大きな期待はしないほうがよいでしょう。

オバマ大統領が就任式を行っても、その後、日米で同時に株価が下がりました。「イギリスの銀行が危なくなった」ということも同時に起きたので、その影響《えいきょう》も割り引かなければいけませんが、それでも、二百万人もの人が押《お》しかけてオバマ大統領の就任演説を聴きながら、日米が同時に株安になったということは、事実として見ておかなければいけません。

つまり、アメリカ国民全般《ぜんぱん》とは違《ちが》って、投資家の人たちは、「そう簡単に景気は回復しない」と見ているということです。日米ともに投資家はそう見ています。

3　不況《ふきょう》を乗り切る強い経営者となるために

不況だけが原因で潰《つぶ》れる会社はない

こうした状況《じょうきょう》にあって、経営者や、経営幹部である人に、私から申し上げたいことが幾《いく》つかあります。ぜひ、心に刻んでいただきたいと思います。

あるアンケート調査によると、潰《つぶ》れた会社の経営者に、その原因を訊《き》くと、七割から八割ぐらいの経営者が、「不況《ふきょう》のせいで会社が潰れた」と答えています。一方、金融《きんゆう》機関に同じ質問をすると、「その会社が潰れたのは、不況が原因である」という答えは三割弱に減ります。認識にこれほどのギャップがあることは、知っておいたほうがよいでしょう。

しかし、さらに踏《ふ》み込《こ》んで言うならば、不況のせいで潰れる会社というのは、本当は一社もないのです。会社が潰れる原因の九割は、実は、経営者の責任であったり、会社の内部の問題であったりするのです。

この点について、一度、身も心も引き締《し》めなくてはなりません。経営者、もしくは経営者を支えている経営幹部まで責任は及《およ》びますが、倒産の九割は、「会社の内部」に原因があるのです。

好況《こうきょう》のときに会社が潰れないのは普通《ふつう》のことなので、経営能力は特に必要ありません。不況のときこそ、経営能力が試《ため》されるのです。その意味で、「会社が潰れるときは、やはり内部に事情があり、特に経営者に問題がある」ということを知っていただきたいのです。

「魚は頭から腐《くさ》る」と言われるように、会社が潰れるときは、たいていトップから腐っていきます。いちばん腐敗《ふはい》しやすいのがトップなのです。

「会社が潰れたのは不況のせいである」と言って責任を逃《のが》れたいという、経営者の気持ちは分かりますし、政府に対策を求めたい気持ちも分かりますが、「百年河清《かせい》を俟《ま》つ」がごとく、政府の対応を待っていても、しかたがありません。

政府がいくら金をばらまいたところで、自分の会社のえぐれた部分は埋《う》まるものではありません。経営者および経営幹部は、社員と一丸となって、危機を乗り越《こ》えていこうと努力しなければならないと思わなければなりません。

会社はトップの甘《あま》い判断によって潰れることがほとんどです。好況のとき、成功しているときは、脇《わき》が緩《ゆる》みすぎ、失敗すると、「部下のせい」「他の企業《きぎょう》のせい」「政府のせい」と、誰《だれ》かに責任を負わせようとしがちです。しかし、すべてはやはり経営者の見識の不足であると考えなくてはなりません。

そして、自らに厳しく、自ら自身を反省し、見つめ直すことが大事です。不況のときこそ、経営者は真にその腕《うで》を磨《みが》かれ、会社は真に強い会社として生まれ変わることができるのです。

世相を見れば、「時代が今、また、マルクスの『資本論』の時代に戻《もど》った」などと言われ、少し左傾化《さけいか》してきているようではありますが、負けてはなりません。経営者が優秀《ゆうしゅう》であれば、どのような危機も乗り越えることはできます。トップ一人の責任なのです。

たとえ、その危機に気づかなかったことで一歩遅《おく》れていたとしても、まだ、会社が潰れていないなら、「チャンス」はあります。従業員を護《まも》り、その家族を護るために、どうか勇ましく戦ってください。

税金対策で赤字の会社は「厳しい反省」を

そして、改めるべきは、まず、「謙虚《けんきょ》でない心」です。不況をもって、自分を磨く砥石《といし》としてください。経営者は、〝うぬぼれ天狗《てんぐ》〟になって、自慢《じまん》をする体質を持っていますが、「不況は自分を磨いてくださる砥石である」と思い、「会社の弱いところや軟弱《なんじゃく》なところ、また自分を含《ふく》めた経営幹部の甘いところを、今、徹底的《てっていてき》に鍛《きた》えてくださっているのだ」と思わなければいけません。

不況でなくても、日本の会社は常に七割が赤字なのです。赤字である理由は、税金を払《はら》いたくないからです。もともと黒字にする気がないのです。そのような甘い経営をしているため、不況が来たらひとたまりもなく潰れてしまうのです。

国のほうでは増税論議が盛《さか》んに起きるわけですが、日本の会社がみな黒字になれば、企業からの税金が納められて、国の財政も回復するのです。

国や地方公共団体の借金は、もう天文学的な額で、いくらあるか分からないぐらいですが、少なくとも九百兆円以上あると言われています。

異常な額ですが、このお金を吸っていた者がいることも事実です。国や地方公共団体に何百兆円ものお金を使わせて、赤字を垂れ流してきた会社は、その体質に対して厳しい反省が必要です。

「黒字をつくらなくてはならない」と、自らを厳しく戒《いまし》めなくてはなりません。「利益をつくるということは、国の発展のためにもなるし、わが社のためにもなるのだ」ということを肝《きも》に銘《めい》じなければならないのです。

「税金を払いたくないので赤字をつくる」というような発想で、甘い経営をしてきた会社は、潰れて当然です。潰れそうになったときに、「救済してくれ」と叫《さけ》んでも遅いのです。日頃《ひごろ》からの精進が必要であると、私は思います。

経営トップは常に「高い目標」にチャレンジせよ

では、どのような努力が必要でしょうか。経営トップは、寝食《しんしょく》を忘れて、専心、自らの会社の業務に打ち込まなければならず、その努力には限りがありません。多くの従業員たちの生活を預かっている以上、「どのようにして、この会社を立派なものにしていくか」ということを、寝ても覚めても考え続けることです。

そして、人々を引っ張っていかなければなりません。自らの会社に縁《えん》あって入った人たちに、夢と希望と未来を感じさせなければならないのです。トップ自身が自らに甘く、現状維持《いじ》に甘んじているようではいけません。常に高い目標を胸に抱《いだ》いて、チャレンジしていくことが非常に大切です。

そういう精神のないトップの下《もと》にいる従業員は不幸です。トップの志が低い状態があまり長く続くようなら、そうした会社の従業員は、やはり会社を替《か》わるべきでしょう。もっと志のある経営者の会社へ、転職していけばよいと思います。

「社会が悪い。時代が悪い」といった言論に、あまり引っ張られてはいけません。経営者も自分で頑張《がんば》らなければいけませんが、やはり従業員も自分の目を光らせて時代を見ることです。「これからの生き筋は何であるか」ということをよく見て、自分の就職先や、転職先をよく考えることが大切です。

不《ふ》況《きょう》も、見方を変えれば違《ちが》って見える

また、よく考えていただきたいのは、「不《ふ》況《きょう》だといっても、日本には物が溢《あふ》れていて、まだまだ多くの無《む》駄《だ》がある」ということです。

今のような不況期になると、売り上げが落ち込むデパートを尻《しり》目《め》に、コンビニエンスストアや、衣料品などの安売り店が伸《の》びると言われています。

その発展しているコンビニエンスストアが、日本全国で毎日捨てている弁当は、一日十万食か二十万食か分からないくらい膨《ぼう》大《だい》な数に上ります。日本というのは、それほど「飽《ほう》食《しょく》の国」なのです。

失業して食べられない人がいるのならば、こうした弁当を生ごみとして捨てないで、宗教的なミッションをもって提供すればよいのです。税金はまったくかかりません。

日本の国力は、まだまだ強く底堅《そこがた》いと言えます。

「日本を代表する自動車メーカーが、売上高で世界一になったかと思ったら、決算では赤字になった」というようなニュースを聞くと、「もう危ない」と思うかもしれませんが、「安売りで生き延びる」という考え方もあります。

円高で海外から安く物を仕入れることができるので、安売りで内需《ないじゅ》を拡大することも可能でしょう。日本原産の原材料で物を作って輸出しているわけではなく、輸入した材料を加工して輸出しているので、円高になれば輸入代金は下がってくるのです。

円高になった直後は、輸出産業は打撃《だげき》を被《こうむ》りますが、輸入する原材料の値段は下がっていくので、数年以内に調整がなされていくはずです。大きな心配は要《い》りません。

「ケインズ理論」は〝緊急避難《きんきゅうひなん》の経済学〟——「企業家《きぎょうか》精神」と「教育投資」で危機を突破《とっぱ》せよ

不況の時代ではありますが、どうか、不況のせいで自分の会社が潰れようとしているとは思わないでください。

今、日本に必要なのは、「強い企業家《きぎょうか》精神」です。アイデアも必要ですが、単なる発明だけでは駄目で、そのアイデアをグループで研究し、組織化し、押《お》し広げていこうとする努力が必要です。企業家精神を発揮して、事業を大きなものにしていこうと、強く願うことです。そうであってこそ、危機を突破《とっぱ》できるのです。

また、「教育投資」も大事です。今こそ、投資すべき人材を選別して教育するとともに、経営者自身も自らに教育投資をすることが大切です。

さらにマクロの面から言うならば、政府はケインズ経済学の間違いに気づくべきだと思います。

ケインズ経済学では、「恐慌《きょうこう》のときには、ピラミッドを造ったり、ただ穴を掘《ほ》って埋《う》めたりするだけであっても、雇用《こよう》を生めば景気は良くなる」ということを説いています。先の大恐慌の際にとられたニュー・ディール政策などでは、ある程度、役に立ったかもしれませんが、これはやはり〝緊急避難《きんきゅうひなん》の経済学〟です。

モルヒネなどの麻薬《まやく》を打ち続けているようなものであり、常時行《おこな》ったら、当然、国力が弱っていきます。日本も、戦後ずっと、こうした経済学に基づいた政策を続けてきたのであれば、そろそろ考え方を改めるべき時です。

「大きな公共投資をすれば好況になる」という考えは間違いです。そうではなく、「旺盛《おうせい》な企業家精神を持って、売り上げを伸ばし、利益を伸ばして、会社を発展させる」ということに力を注ぐ人たちを、数多くつくるべく鼓舞《こぶ》しなければなりません。そういう社会に変えていかなければならないのです。

どうか、「勇気」と「チャレンジ精神」と「希望」を持って、努力していただきたいと思います。

第4章

信仰《しんこう》と富

2009年2月8日（三重県・幸福の科学 津支部精舎にて）

1 「考える力」が人生をつくっていく

自分が「願い続けていること」が目の前に展開する

本章では、宗教にとっては、かなり大きなテーマについて述べていきます。「信仰《しんこう》と奇跡《きせき》」あるいは「信仰と富」についてです。ただ、病気に関する奇跡などの話は、私の近著『超《ちょう》・絶対健康法』（幸福の科学出版刊）等に譲《ゆず》り、ここでは、信仰と奇跡の総論的な部分や「富」に関する内容に言及《げんきゅう》したいと思います。

特に、今、日本や世界が苦しんでいる不景気の問題から、もっと小さな、みなさんの家計の問題まで含《ふく》めて、「豊かさ」の本質に触《ふ》れたいと考えています。

私は、「人間というものは、『考える力』によって人生をつくっていくことができるのだ」ということを、繰《く》り返し述べています。これは、言葉で言っても、なかなか分かっていただけないことが多いのです。

「考え」には力があります。考えは一種の〝磁石〟のようなものであり、自分が考え続けているもの、求め続けているものを引き寄せてくる力を持っています。みなさんが職場や家庭などで考え続け、求め続けているものを、日本全体からも世界からも、あるいは大宇宙からでも、引き寄せてきます。

要するに、人生においては、本当に、自分が望み、願い続けているようなことが、目の前に展開していくのです。

お金持ちになりたければ富を憎《にく》んではいけない

ただ、目の前に展開しているものについて、「これは、自分が望み、願っていたものである」ということに、本人自身は気がついていないことが多いのです。

なぜかというと、心の奥底《おくそこ》（潜在意識《せんざいい》）では、繰り返し、それを思っているのに、表面意識では違《ちが》うことを考えているため、「自分が考えているものとは違う」というように見えるからです。

しかし、周囲の人たちから見れば、「あの人は、自分が思っているようになっただけなのではないか」と思えることはよくあるのです。

例えば、「健康になりたい」と言いつつも、本当は病気のことばかりを考えていて、病気を引き寄せてしまう人は大勢います。

あるいは、「もっとお金儲《もう》けをしたい。お金持ちになりたい」と口では言っていても、ほかの人が観察すると、そのようには見えない人も大勢います。「この人は、本当に、お金持ちになりたいのかな。豊かになりたいのかな。そのわりには、言っていることや、やっていることが、どうも違うような気がする」と感じられるのです。

お金持ちになりたいのであれば、富を憎《にく》んではいけません。「豊かになる」ということを憎んではいけないのです。また、「成功する」ということを悪いことだと考えてはいけないのです。

成功することを悪いことだと考えたら、成功できなくなります。このことは分かるでしょうか。成功したら、自分は〝悪人〟になるわけですから、成功したくなくなるのです。

口では「お金持ちになりたい」と言っていても、心の奥底で成功を否定していると、あとで「言い訳」ができるような、何らかのつまずきが起きてしまい、結局、お金持ちになれないのです。

例えば、「もう少しで事業が軌道《きどう》に乗る」というときに限って、病気をしたり、事故が起きたり、何らかの邪魔《じゃま》が入ったり、ライバルが出てきたりして、うまくいかなくなる場合があります。これは、事業が軌道に乗ることを心の奥底では願っていなかったのです。思いが徹底《てってい》していないわけです。信念が弱く、「考えは現実の力になるのだ」ということが信じ切れていないのです。このことは、そう簡単には分かり切らないため、少しは思っても、強く信じることが、なかなかできないでいるのです。

2 宗教は「富」をどう捉《とら》えてきたか

イエスの「ある言葉」が二千年間キリスト教徒を苦しめてきた

私は、この説法の前日（二〇〇九年二月七日）、名古屋のホテルに一泊《いっぱく》したのですが、鞄《かばん》に入れてきた本を全部読んでしまったため、読むものがなくなりました。そこで、ホテルの机の引き出しにあった和英対訳の『聖書』を、日本語と英語の両方をチェックしながら読んでいきました。

あるページを開くと、「人は二人の主人に仕えることはできない」という、イエスの言葉が載《の》っていました。〝二人の主人〟とは何かというと、一人は「神」であり、もう一人は「マモン」です。マモンとは「富」のことです。「人は神と富の両方に仕えることはできない」という言葉が『聖書』に載っているのです。

実は、この言葉が、二千年間、キリスト教徒をそうとう苦しめたのです。この言葉一つで、キリスト教徒は苦しみました。

これは二千年の歴史を負っています。「このイエスの言葉を、いかに回避《かいひ》しながら、この世で生きていくか」ということで、キリスト教徒は苦心したのです。

キリスト教が「富の否定」をしてしまった理由

イエスが生きていたとき、その伝道期間は三十歳《さい》から三十三歳までの三年間です。その間、イエスは、経済的成功はしていませんし、大教団もつくれませんでした。そのため、その日の糧《かて》にも事欠く状態であって、信者宅を転々としながら、隠《かく》れキリシタン風に伝道していましたが、やがて当局に捕《つか》まり、磔《はりつけ》になりました。

そういう生涯《しょうがい》であり、地下活動で終わったようなものなので、イエスには「豊かな成功」の経験はなかったのです。

『聖書』には、イエスが弟子《でし》たちと麦畑を通ったとき、弟子たちが麦の穂《ほ》を摘《つ》んで食べたため、ユダヤ教の律法《りっぽう》学者から、「今日《きょう》は安息日《あんそくび》なのに刈《か》り入れをした」と追及される場面が出てくるのですが、よほど貧しかったのでしょう。食べ物がないので、畑で麦を少し頂いたわけです。

次のような話も『聖書』には載っています。イエスたちがイチジクの木のそばを通ったとき、実を食べようとしたら、まだ実が生《な》っていなかったため、イエスが〝呪《のろ》いの言葉〟を発したところ、帰りに再びそこを通ると、その木が枯《か》れていたのです。イエスの奇跡《きせき》の一つとして、そういう話が遺《のこ》っていますが、よほど、ひもじかったのでしょう。その感じが伝わってきます。

すでに成功している、ユダヤ教の教会などの支配階級や財閥《ざいばつ》階級等から見れば、イエスは、ある意味で、新興勢力にすぎませんでした。まだ成功しておらず、地下活動をしているような状態だったのです。

そのため、イエスは、支配している人たちや、富を得ている人たちの気持ちを理解できるところまでは、まだ行っていなかったのではないかと思います。

また、こういう話も『聖書』にあります。

ある青年に、「永遠の命を得るには何をすればよいのでしょうか」と尋《たず》ねられたとき、イエスが幾《いく》つかの教えを説くと、その青年は、「そういうことは、みな、守ってきました」と答えました。そこで、イエスが、「では、あなたは、持っている物を全部売り払《はら》って、貧しい人々に施《ほどこ》しなさい」と言ったところ、その青年は金持ちだったので、「それはできない」ということで、悲しみながら帰っていったのです。

その話のあとに、「金持ちが神の国に入るよりも、ラクダが針の穴を通るほうがまだ易しい」という言葉が載っています。これも恐《おそ》ろしい言葉であり、その後《ご》、二千年間、キリスト教徒は、この言葉にもずいぶん苦しみました。

しかし、イエスの死後、残った弟子たちが伝道して、教会組織をつくっていく過程では、やはりそうはいっても、この世と同じ原理が働いてくるので、いつまでも、富を否定していては、やっていけないのです。

原始キリスト教のままでは、世界に広がるような宗教にはならなかったので、どこかで、それを乗り越《こ》えなくてはいけなくなり、別の解釈《かいしゃく》をしながら、広めていったわけです。

教会のお金集めを批判して始まった、ルターの宗教改革

中世になると、今のバチカンにあるサン・ピエトロ寺院を建てるときに、教会は、ずいぶんお金集めをしたのですが、時の法王などは、「お賽銭《さいせん》箱にお金を投げ込み、チャリンチャリンと音がするたびに、一歩一歩、天国に近づくのだ」というようなことを一生懸命《いっしょうけんめい》に教えていました。

それに対して、ドイツ人のルターは、「イエスの教えから見たら、教会のその教えは間違《まちが》っている」と言って批判し、〝教会がなくてもよい宗教〟にしようとしたのです。

そこで、ルターは次のようなことを行いました。当時、キリスト教では、ラテン語の『聖書』を聖職者が教会で教えていて、プロでなければ教えることはできなかったのですが、ラテン語が読めない一般《いっぱん》の人でも『聖書』を読むことができ

るようにするため、『聖書』をドイツ語に翻訳《ほんやく》したのです。

また、当時はグーテンベルクの活版印刷術がすでにできていたので、ルターのドイツ語訳『聖書』は一気に普及《ふきゅう》し、家庭のなかでキリスト教の勉強ができるようになりました。

これが「万人司祭主義」であり、「『聖書』さえあれば、教会に行かなくても勉強ができ、イエスの言葉が読める。それでよいではないか」ということです。

このように、「お金を集めてサン・ピエトロ寺院を建てる」ということに反対したことから始まったのが新教（プロテスタント）です。その後《ご》、新教は旧教（カトリック）との幾つかの宗教戦争を十六〜十七世紀に行うことになります。

「資本主義の精神」につながる教えを説いたカルバン

ところが、その新教も、流れのなかで変わってきます。

ルターは、前述したような考えを持っていたのですが、当時、カルバンという人もいて、プロテスタントの教えの一つを説きました。カルバンは、聖職者でありながら、スイスのジュネーブという都市を神政政治《しんせいせいじ》で統治した人です。

この人は「予定説」というものを説きました。「人間が救われるかどうかは、神によって、あらかじめ予定されているのだ」という教えです。要するに一種の運命論を説いたのです。

この教えから、「自分が、救われる側なのか、そうでないのかは、残念ながら、生きている人間には教えられていない。しかし、救われるかどうかを知るには、自分が神に愛されているかどうか、この世での〝客観的な実績〟を見て、判定すればよい。そうすれば、救われる側の人間かどうかが分かる」という考えが出てきます。

つまり、「禁欲を旨《むね》として、勤勉に働き、お金を貯《た》め、事業で成功したり出世したりすれば、それは神に愛されていることになる。その人は、選ばれた人、予定されていた人であり、天国に行くことができる」と説くのです。

プロテスタントの教えのなかには、このように禁欲主義から資本主義につながっていく考え方があります。

その後《ご》、マックス・ウェーバーという、ドイツの社会学者は、『プロテスタンティズムの倫理《りんり》と資本主義の精神』という本を書きました。そのなかで、「プロテスタンティズムのなかに、『勤勉に働き、蓄財《ちくざい》に励《はげ》んで、事業に成功したら、神の栄光を地上に表すことになる』というような教えが出たので、資本主義が欧《おう》米《べい》のキリスト教圏《けん》で発達し、大資本ができて社会が発展した。これはプロテスタントの世界にしか起きなかったことだ」というようなことを述べています。

ところが、そのような〝資本主義の精神〟は日本にも古くからありました。例えば、二宮尊徳《にのみやそんとく》は、「倹約《けんやく》をするとともに、田畑の開墾《かいこん》などを行う。あるいは、空き地に菜種の種をまき、菜種油を搾《しぼ》り、灯《ひ》をつけて夜も勉強する」というようなことを教えています。そういう人が日本にもいました。

したがって、マックス・ウェーバーの考え方は、学問的に見ると、まだ隙《すき》があって、正しいとは言えません。

ただ、プロテスタントは、サン・ピエトロ寺院を建てる際の、カトリックのお金集めを否定したはずだったのに、このように、「勤勉に働いて、お金が儲《もう》かり、事業に成功すると、神に祝福されているのだ」という思想が出てきました。

そして、結局、そのプロテスタントのほうが産業的に発展していったのです。

欧米人《おうべいじん》には、富に対する一種の「原罪意識」がある

「神と富という二人の主人に仕えることはできない」というイエスの教えに対して、「どうやって、この教えを避《さ》けて、うまく生きていくか」ということで、

二千年間、キリスト教徒は苦しんできました。そして、商売に励んだりするものの、彼らの心のなかには〝罪悪感〟があるのです。

そのため、現在のような不況《ふきょう》が起きると、「世界恐慌《きょうこう》になるのではないか。神に滅《ほろ》ぼされるのではないか。原始時代に戻《もど》るのではないか」というような恐怖心《きょうふしん》を持ってしまいます。

おそらく、欧米人《おうべいじん》には一種の「原罪意識」があって、心の奥底《おくそこ》では、不況や大恐慌を求めているのではないかと思うのです。「イエスは確かに『神と富とに仕えることはできない』『金持ちが神の国に入るよりも、ラクダが針の穴を通るほうがまだ易しい』と言っている」という〝刷り込み〟があるのです。

もっとも、「ラクダが針の穴を通る」というのは、この世的常識で考えれば、無茶苦茶な譬《たと》えであって、これには誤訳説が流れています。「当時のイスラエルには、『ラクダ』という意味の言葉と発音の似ている、『ロープ』という意味の言葉があるので、ラクダは誤訳だろう」という説があるのです。「お金を儲けると天国に行けなくなる」のであれば、働けなくなり、貧しくなるしかないのですが、「信仰《しんこう》を持てば貧しくなる」ということであっては、たまりません。その場合、ありうるのは「清貧の思想」しかないので、「貧しい人は正しい」という思想しか出てこないことになります。

しかし、それでは、やはり困るわけです。キリスト教の僧院《そういん》では貧しい生活をしていたので、修道僧《しゅうどうそう》には、そういう生活に対する適性はあるのかもしれませんが、在家の人にとっては、たまらない面があると思います。

仏教のナーランダ学院には〝財務部〟があった

仏教のほうも同じです。釈迦《しゃか》の時代は貧しかったので、出家者たちは食うや食わずで托鉢《たくはつ》をしていました。また、「お金には穢《けが》れがある」と考えられたため、

「お金を直接に受け取ってはいけない」ということが戒律《かいりつ》になっていました。

今でも、スリランカやタイ、ミャンマーなど、小乗《しょうじょう》仏教の流れを汲《く》む南方仏教の国では、お坊《ぼう》さんはお金を直接には手に取りません。お金を頂く場合には、地面に風呂敷《ふろしき》を置《お》き、その上にお金を置いてもらい、手でお金に触《さわ》らないようにしながら、風呂敷に包んで持っていきます。そのように原始仏教の教えに〝忠実〟な人たちもいます。

キリスト教徒も仏教徒も、富に関する部分では、長らく苦しんできたのですが、それぞれの宗教の教祖が、いくら偉《えら》い人であっても、地上にいるときには人間なので、やはり、自分の体験や感じていることと正反対の内容は、なかなか言えないのだろうと思います。

ただ、仏教では、時代が下り、大乗仏教になると、もう少し効率的になります。在家の人からお金を集め、それを貸し付けて、銀行業のようなことまでしていたのです。

例えば、インドのナーランダ学院には一万人もの出家僧侶《そうりょ》がいて、不労所得で生活していました。ここは、いわば「大学」です。今でも、一万人の学生がいる大学は、かなり大きな大学です。「一万人の僧侶が不労所得で生活する」というのは大変なことです。

そのために、どうしていたかというと、在家の人々から、いろいろな穀物やお金を頂き、それを教団で蓄《たくわ》えていました。そして、穀物は売るなり貸し付けるなりし、お金についても、人に貸し付けて利子を取っていました。そうして得た不労所得で一万人が修行できるようになっていたのです。

ナーランダ学院には、いわば〝財務部〟が出来上がっていたわけです。

釈迦没後《ぼつご》、五百年ぐらいで、すでに、そのような状態になりました。

そういう大寺院で大勢の人が修行をするには、やはり、組織的な考え方がなければ無理であり、個人の托鉢だけでは生きていけないのです。

初代の教祖が教えを説くときには、こういう組織論のところまでは、なかなか説けないものです。個人の教えのレベルで止まり、ここまで辿《たど》り着くことはできないのが普通です。

3 「信仰《しんこう》と富」の本当の関係

「商業の神」「貿易の神」でもあるヘルメス

ここまで、「神と富の両方には仕えられない」というイエスの思想に関して述べてきたわけですが、私は、「そんなことはない」ということで、「ヘルメスの教え」を出しています。

商業や貿易に関係する場所には、よくヘルメスの像が祀《まつ》られています。日本でも商業学校や一橋《ひとつばし》大学などにはヘルメスの像が祀ってあるようです。

ヘルメスは約四千三百年前のギリシャに生まれた実在の人物です。私の著書『愛は風の如《ごと》く』（全四巻。幸福の科学出版刊）に書いてあるとおり、彼は、地中海貿易を行い、「富の創出」ということを考えた人だったのです。ヘルメスは「商業の神」「貿易の神」「旅行の神」でもあるのです。

このヘルメスは、やがてインドに釈迦《しゃか》として転生《てんしょう》します。釈迦のときには、魂的《たましいてき》にはヘルメスとは正反対の部分が強く出てきています。ヘルメスのときには、「商業によって富を創《つく》る」ということを行い、また、戦《いくさ》もしましたが、釈迦のときには、お金も集めず、戦もしていません。

これは、両極端《りょうきょくたん》を経験することによって魂のバランスをとっていると思われます。いわば、「陽《よう》」と「陰《いん》」です。ヘルメスが「陽」で、釈迦が「陰」の部分であったかと思うのです。

このように「陽」と「陰」という両面が出てきていますが、これは場合に応じて出てくるものであり、どうしても両方の面が必要なのです。

一つの教えだけだと、やはり半端《はんぱ》になってしまうところがあるのです。

そういう意味では、西洋人が、今、幸福の科学の教えを読むと、『聖書』の記述で苦しんでいた部分が少しすっきりするだろうと思います。

「商売繁盛《はんじょう》」や「戦《いくさ》での勝利《しょうり》」を尊ぶ日本神道

一方、日本の場合は、どうでしょうか。日本神道では、昔から神と富とがかなり融合《ゆうごう》しています。「御利益《ごりやく》がなければ神ではない。祈願《きがん》をすれば、商売は繁盛《はんじょう》し、健康で、家族が仲良くできて、とても幸福になる。これでこそ神である」と考えます。

この思想が日本に深く根を下ろしているために、戦国時代以降、キリスト教が日本に入ってきても、なかなか広がりません。イエスについて、「その〝西洋の神様〟は、捕《つか》まって十字架《じゅうじか》にかかり、殺されたというのか。それでは、御利益がない。神なら戦《いくさ》で勝たなくてはいけない」と考えます。

日本の神には軍神（戦の神）も多く、「神というものは、戦いに勝つか、御利益があるか、どちらかであるべきだ」と考えるのが、日本の伝統的宗教観です。

ただ、死後に怨霊《おんりょう》になった人の場合は、祟《たた》りが怖《こわ》いために、祀られて〝神〟になることもあります。怨霊系は祟り神なので、祀られる霊《れい》も一部にはいるのです。

普通は、戦に勝つと神になれます。例えば、東郷平八郎《とうごうへいはちろう》の東郷神社ができたり、明治天皇《めいじてんのう》の明治神宮ができたりします。また、国を豊かにしたり大きくしたり、民に潤《うるお》いを与《あた》えたりしたら、やはり尊敬されて、それなりの〝神格《しんかく》〟ができてくるのです。

イエスへの信仰《しんこう》を日本の儒学者《じゅがくしゃ》は理解できなかった

この日本の伝統的思想からいくと、「原始キリスト教も原始仏教も思想的には十分ではない。一面しか説けておらず、神の資格の必要十分条件を満たしていない」と見えるところがあります。

そのため、日本にはキリスト教がなかなか入ってきませんでした。

また、江戸時代《えどじだい》に、密入国をした宣教師を、儒学者《じゅがくしゃ》である新井白石《あらいはくせき》が尋問《じんもん》したとき、白石には、イエスへの信仰《しんこう》が、どうしても理解できませんでした。

「なぜ、捕まって殺された人を信仰するのか。それは、御利益がない神にしか見えない。あまりにも弱すぎる。『敵を撃退《げきたい》した』ということなら分かるが、『磔《はりつけ》に遭《あ》った人が神で、世の中を救う』と考えるのは、おかしい」

このように、何か〝引っ繰《く》り返っている〟ように見えて、しかたがなかったのです。「人々を救うためにイエスは殺されたのだ」という思想を、江戸時代の儒学者たちは「倒錯《とうさく》している」と感じたわけです。

これは意外に真っ当な判断です。パウロなどの伝道者たちは、事実を引っ繰り返して、強引に、「イエスは、実は、復活するために十字架にかかったのだ」という考え方に持っていき、伝道を行いました。

やり手と言えば、やり手であり、そうとうな豪腕《ごうわん》です。事実を逆転させ、教えを押《お》し広げていき、やがて、強いローマを教えでは支配していきます。次々と殉《じゅん》教《きょう》しながら、何百年もかかって人々に教えを広げていきました。

したがって、宗教には、本当に難しくて分からないところがあります。

ただ、イエスの生涯《しょうがい》から見て、キリスト教には、ある種の悲劇性のようなものが流れていることは事実です。どちらかというと、「人間は、もともと罪人《つみびと》なのだから、罪を贖《あがな》うためだと思って、病気や試練に耐《た》えよ」というような教えのほうが多く、そのような考え方で、わりと落ち着くのです。

日本人は伝統的に「宗教を見る目」が肥《こ》えている

日本の神はというと、やはり、「もっと〝ハッピー〟でなくてはいけない」と考えます。江戸時代の後半以降に起きてきた宗教を見ると、天理《てんり》教や黒住《くろずみ》教などにしても、「陽気に明るく生きていこう」という、「陽気ぐらし」系の思想が強いのです。

これは、わりと日本神道の中心的な考え方です。天照大神《あまてらすおおみかみ》や天御中主神《あめのみなかぬしのかみ》など、日本神道の中心指導霊は、こういう考えに近いのです。

これは日本の〝古代の思想〟なのですが、意外にも、現代のアメリカは、これと同じような一種の光明思想を持っていて、「発展することは、よいことだ」という考えを、ここ百年以上、持ち続けているように思います。

日本の宗教はレベルが低いかと思いきや、案外そうでもないのです。「日本神道は〝中身〟がない」という説もあるのですが、前述したように、日本人には、イエスの受難物語を聞いて、「これを神とするには足りない」と判断するような宗教的知性があることはあります。「自分も救えない人が、どうして人を救えるのだ」と考えるような智慧《ちえ》があるのです。

その意味では、なかなか隅《すみ》に置けません。中身がないように見えて、意外に中身があります。日本神道は、宗教として二千年以上の歴史を持っているだけのことはあって、したたかなのです。

「日本人には宗教心がない」と言われることもありますが、日本は意外と「宗教王国」なのです。

日本人は数多くの宗教を経験してきました。いろいろな宗派が並び立ち、長い間、宗教同士が競争してきました。日本人は、旧《ふる》い宗教をたくさん見てきたため、とても目が肥《こ》えていて、新しい宗教が出てきても、そう簡単には信じません。「騙《だま》されないぞ」と思い、すぐには信じないで、じっと見ています。

「無神論です」「無宗教です」などと言っていても、ある意味では、宗教に関して、〝玄人《くろうと》好みの趣味《しゅみ》〟を持っているので、そう簡単には乗ってきません。「偽物《にせもの》には食いつかないぞ」と考えるだけの伝統があるのです。

外国人は、よく、「日本には無宗教で信仰心のない人が多い」という言い方をしますし、日本のマスコミも、そういう報道をするのですが、裏に回ってみれば、日本は宗教の伝統が長く、日本人は目が肥えていて、なかなか一筋縄《ひとすじなわ》ではいかないのです。

外国生まれの宗教が、日本に入ろうとしても、なかなか入れないのは、そのためです。日本は、外国の宗教にとって、伝道がとても難しい国なので、「日本人は信仰心のない国民だ」と言われたりするのですが、実は、宗教が多すぎ、目が肥えすぎているため、そう簡単には信じられないのです。それが真相です。

一種の〝刷り込み〟によって、「日本人には宗教心がない。日本人の多くは無宗教で唯物論者《ゆいぶつろんしゃ》だ」というようなことが、世間一般では言われていますが、日本人には、「建前と本音とは違《ちが》う」という面がかなりあります。自分自身でも本当は理解していないのかもしれませんが、日本人は、宗教に関して、「料理の味にうるさい人たち」のようなところがあると思うのです。

幸福の科学は、他《た》の宗教の意味を説明できる「本物の宗教」

今、幸福の科学も熱心に教えを広げています。

まだ入会していない人や、一定の距離《きょり》を置いている人のなかには、〝玄人的〟に見ていて、「この宗教は本物かどうか」ということを、時間をかけて観察している人もいると思います。旧い伝統宗教は信じていても、新しい宗教に対しては、

「そう簡単には説得されないぞ」と考えている人もいることでしょう。

しかし、過去にほかの宗教を信じていた人、ほかの教団で活躍《かつやく》していた人であっても、幸福の科学に来ている人は大勢います。

実を言うと、当会の信者のなかには、ほかの教団の〝教祖〟もいます。当会は寛容《かんよう》な団体なので、教団を率いている教祖のままで、当会の信者になっている人もいるのです。また、キリスト教の牧師の信者もいれば、天台宗《てんだいしゅう》の大僧正《だいそうじょう》の信者や禅宗《ぜんしゅう》の僧侶《そうりょ》の信者もいます。このように、いろいろな宗教の現役《げんえき》の宗教家も、ずいぶん当会に入っているのです。

幸福の科学の教えには非常に懐《ふところ》の深いところがあります。そのため、「ほかの宗教では解決できなかった問題や、どうしても理解できなかった部分が、幸福の科学の教えに接して初めて分かった」ということがあるわけです。

私は「本格的な宗教」を目指しています。できるだけ隙《すき》がなく、偏《かたよ》りのない宗教、すなわち、いろいろな宗教の意味を包括的に説明できるような「本物の宗教」を目指して、今、活動しているのです。

4　富を「引き寄せる」正しい方法とは

大宇宙には「富」が満ち満ちている

「信仰《しんこう》と富」の関係について述べてきましたが、ここからは、一歩踏《ふ》み込《こ》んで、「信仰に基づく奇跡《きせき》」について考えてみましょう。

奇跡というものは、いろいろな宗教で起きます。ごく小さな宗教でも奇跡はよく起きます。ただ、奇跡が起きるのは、たいていは、教祖が直接に会える人たちの範囲内《はんいない》です。その意味で、奇跡がよく起きる宗教は教団が大きくならないことも多いのです。

また、「奇跡がたくさん起きる」というときには、宣伝が過ぎる場合や、組織的にトリックを使っている場合もあるので、一定の用心が要《い》ります。

「奇跡が必ず起きる」というのは、やはり、おかしいのです。奇跡には、「いつ、どの人が選ばれて、どういう奇跡が起きるか」ということが、普通《ふつう》の人間には、なかなか分からない面があるからです。三次元（地上）の法則が破られるときに奇跡は起きるのです。

ただ、奇跡に関して、一般論《いっぱんろん》として言えることがあります。

本章の冒頭《ぼうとう》で述べたように「心の法則」というものがあり、これは「万有引力の法則」と同じように働きます。すなわち、心に強く思い、願ったことは、だんだん引き寄せられ、実現してくるのです。

今、欧米圏《おうべいけん》でも、「思ったことは引き寄せられてくる」という、「引き寄せの法則」が非常に流行《はや》っています。これは、確かに、そのとおりです。

例えば、ある人が商売熱心で、「この事業を成功させたい」と強く願っていると、それに引かれて熱心な人々が集まってきて、事業が発展します。また、取引先までもが〝信者〟のように熱心になってきます。

「思ったことは引き寄せられる」というのは本当なのです。

したがって、「心の思いは自分が願っているものを引き寄せてくる」という一般法則を知っておいたほうがよいのです。

そして、「大宇宙には富が遍満《へんまん》している。満ち満ちている」ということを信じたほうがよいのです。「大宇宙には富が満ち満ちている。神々は人間を幸福にしたくて、しかたがない存在なのだ」と思ったほうが幸福なのです。

「祟《たた》り神《がみ》」ばかりが神ではありません。罰《ばち》を与《あた》える神だけが神ではないのです。

神々は一般に「人間を幸福にしたい」と思っているので、その〝思い〟を人間の側でキャッチし、受け止めなくてはいけません。

神々の思いをキャッチすれば「信仰に基づく奇跡《きせき》」が起き始める

では、どうすれば、神々の思いを受け止められる心境になれるのでしょうか。それを考えなくてはいけません。「幸福になってほしい。豊かになってほしい」という、神々の思いをキャッチするための「心構え」が必要なのです。

野球で言えば、ピッチャーの投げる球を捕《と》るには、ミットを正しい位置に構えなければなりません。これと同じく、私は、神が投げた球を捕るための〝ミットの構え方〟を教えなければいけないと思うのです。

まずは、「大宇宙には富が満ち満ちている。『人類を豊かにしよう』という思いが満ち満ちている」ということを信じてください。

現実に、二千年前や三千年前と比べて、現代のこの豊かさを見れば、それが事実であることが分かります。「富の材料」はたくさんあって、次から次へと新しい富が生まれてきました。また、新しい知識も生まれてきました。

「『人々を幸福にしよう』という思いが天上界《てんじょうかい》で働いていた」ということは、人類が発展してきた歴史を見れば分かるのです。

あとは、神々のその思いをキャッチする心構えが大事です。

それを見事にキャッチできるようになれば、「信仰に基づく奇跡《きせき》」が起き始めます。もちろん、「信仰心を持つ」ということは基本中の基本ではありますが、信仰心を持ちながらも、人間としての生き方に一定の態度が必要なのです。

神々の投げる〝幸福の球〟を受け止められる人

それでは、歴史的に見て、どういう人が神々に愛されて、「この〝幸福の球〟を受け止めよ」と言われてきたのでしょうか。

例えば、人を使う立場である経営者の場合、どのような人が成功したかというと、単純に言えば、従業員やお客の良いところをよく見る人です。

従業員には、もちろん、どの人にも長所と短所の両方があるでしょうが、長所のほう、良いところのほうをよく見てあげなくてはなりません。そして、短所のほうについては、あまり深くは追及《ついきゅう》せずに、こらえてあげるのです。例えば、「十」追及すべきところを、「二」か「三」で我慢《がまん》するわけです。

お客に対しても同様です。「お客さまにだって、いい人もいれば悪い人もいる」と言いたいところでしょうし、断るお客が多いと、「悪い人のほうが多い」と言いたくなるかもしれません。しかし、基本的には、「世間のみなさまは、基本的には偉《えら》い方々であり、立派な方々である」と考え、その良いところを見ようとする気持ちを持たなくてはなりません。

お客の悪い点を、あまり責めたり言ったりするような人には、成功は来ないようです。

「お客さまは素晴《すば》らしい。もし買ってくださらない場合には、お客さまが悪いのではなく、私どもの商品が十分ではない。私どものサービスが十分ではない」という考え方をする人が、成功する人なのです。

自分に対しては、長所を宣伝するのではなく、足りない部分、短所の部分を厳しく見つめ、ほかの人に対しては、長所のほうを重視し、長所を中心的に見ていくことが大事です。

ほかの人の優《すぐ》れたところ、部下やお客の優れたところを、できるだけ見るように努力する。一方、自分に関しては、長所を宣伝しすぎず、控《ひか》えめにして、短所や欠点をよく自覚し、常に、それを良くしていこうと努力している人が、商売で成功しているようです。

嫉妬《しっと》深い人が成功できない理由

また、前述したように、富は、それを否定する人には入ってこなくなるので、自分より先に成功している人に対して、呪《のろ》ったり嫉妬《しっと》したりするのは、よくありません。

「あの会社は、うちより大きい。悔《くや》しい」と思い、あまり悪口を言ったり嫉妬したりすると、自分の会社は大きくなれないのです。

理想像は肯定《こうてい》しなくてはなりません。「あの会社のようになりたいものです。ぜひとも、あの会社にあやかりたいものです」という気持ちを持つことが、基本的には大事なことなのです。

嫉妬する心は、努力して克服《こくふく》していかなくてはなりません。

嫉妬心の強い人が成功するのは難しいことです。そういう人は基本的に嫌《きら》われます。人の幸福を望んでいない利己主義者のように見えるからです。嫉妬心が強かったり、猜疑心《さいぎしん》、疑いの心が強かったりする人とは、友達《ともだち》になりにくいですし、そういう人が家族にいると、つらいものです。また、親友が嫉妬深かったり、疑い深かったりすることも、幸福なことではありません。

それから、悪いことばかり〝予言する〟タイプの人もよくありません。「未来には必ず悪いことが来る」というようなことを、ものすごく敏感《びんかん》に言う人。「おまえは危ないぞ。そのうち、けがをするぞ。病気になるぞ。事故が起きるぞ。死ぬぞ」などと言う人。成績が良かった人に、「この次は絶対に落ちるぞ」などと言う人。こういうタイプも、好ましい人とは言えません。

〝日本沈没《ちんぼつ》〟など、絶対にありえない

要するに、成功するのは、どういう人かというと、妬《ねた》み心や嫉《そね》み心が少なく、

そういう思いを自制する力がある人です。また、人の良いところを見ることができて、自分には厳しく、「忍耐《にんたい》強く精進《しょうじん》を続ける」という態度を持てる人です。そして、常に「未来は明るい」と考えられる人です。常に物事を、肯定的、積極的、建設的に捉《とら》えて、「チャレンジしていこう」と思う人です。

万一、失敗したとしても、「いい勉強をしたな。ちょっと〝授業料〟は高かったかもしれないが、この授業料は次のチャンスで取り返すぞ」と思って、機嫌《きげん》良く立ち直る人は立派です。何か損をしたら、「もうやめた。金輪際《こんりんざい》、嫌《いや》だ」と考えたならば、それまでです。

例えば、野菜をつくっていた人が、「今年《ことし》は天候が悪かったから不作だった。もうやめた」と考えれば、もう野菜を穫《と》ることはできません。確かに、野菜のように、天候に左右されるものは、天候が悪いと穫れません。しかし、翌年《よくとし》は良くなることだってあるのです。

貧困を擁護《ようご》することも可能ですが、飢饉《ききん》などを経験して、農業では品種改良が行われてきたのです。「寒さに強い」「暑さに強い」「水不足に強い」「台風に強い」など、いろいろなことに強い品種をつくってきました。これが人間の努力であり、智慧《ちえ》なのです。

さらに、今では、野菜を室内でもつくれるようになってきています。こうなると、台風が来ても関係がありません。

このように、「努力して一歩を進めていく」ということが、とても大事な考え方なのです。

今、「日本は不況《ふきょう》で苦しんでいる」と言われてはいますが、まだまだ道は無限にありますし、未来は明るいと思うのです。

私は、「幸福の科学の教えが広がるかぎり、日本《にっぽん》の繁栄《はんえい》は、絶対に揺《ゆ》るがない」と確信しています。〝日本沈没《ちんぼつ》〟など、ありえません。「日本経済が沈没して、世界何十位の国にまで没落《ぼつらく》する。大恐慌《だいきょうこう》で二度と立ち直れない」という話など、こんなものを信じてたまるかと思います。

どのような危機があっても、必ずそれを乗り越《こ》えていく。それを勉強材料にし、「授業料だ」と思って乗り越え、さらに、もう一段、伸《の》びていく。「一つの節目だ」と思い、節をつくって、竹のようにまた伸びていく。

これが正しい生き方です。

「何年かぐらい耐《た》えてみせるぞ。必ずまた伸びていくぞ」という気持ちを持つことが非常に大事なのです。

5　日本が「今の不況《ふきょう》」を克服《こくふく》するには

日本の不況の原因は、実は「金融《きんゆう》引《ひ》き締《し》め政策」にある

ここで、「日本の今の不景気の現状」についても少し述べることにします。

二〇〇八年九月にアメリカのリーマン・ブラザーズが破綻《はたん》し、CDO（債務《さいむ》担保証券）という、アメリカの新しい金融《きんゆう》商品が失敗したことによって、世界連鎖《れんさ》的《てき》に不況《ふきょう》が起きました。「その煽《あお》りを日本も受けた」と言われ、大騒《おおさわ》ぎになっています。

しかし、実は、アメリカの金融破綻によって日本が受けた傷は、とても浅いのです。欧米《おうべい》が受けた傷は、ものすごく深くて、日本の十倍以上なのですが、日本

が受けた被害《ひがい》は、実は一兆円か二兆円ぐらいなのです。

したがって、日本の不況の本当の原因は、実は、今回のアメリカの金融破綻ではありません。実際には、二〇〇七年の中頃《なかごろ》から、日本の不況は、すでに始まっていたのです。

それ以前は、二〇〇三年ごろから、かなり長い好況《こうきょう》が緩《ゆる》やかに続いていました。しかし、「これだけ好況が続くというのは、あまりないことだ。またバブル景気が来ると怖《こわ》い」と思った政策当局者がいるのです。

そのため、二〇〇六年から二〇〇七年にかけて「金融引《ひ》き締《し》め政策」が行われました。政策金利を上げたのです。そして、市中に出回る資金の流通量を減らした結果、不況が始まりました。

景気が鎮静化《ちんせいか》することを望んで、引き締め政策をとり、数年続いた好況を人為《じんい》的《てき》に潰《つぶ》しに入ったわけですが、望んだとおり、景気が現実に悪くなってきたのです。

それが真相です。二〇〇六年から始めた金融引き締め政策が、二〇〇七年ごろから効いてき始めたのです。

その前はというと、二〇〇六年までは、いわゆる「ゼロ金利政策」でした。日銀は、これを二〇〇六年七月と二〇〇七年二月に上げて、〇・五パーセントにまで持っていきました。このあたりから今の不況が始まってきたのです。

それで慌《あわ》てて二〇〇八年十月に少しだけ下げたのですが、市場のほうは「またゼロ金利に戻るのかな」と期待していたのに、〇・二パーセントの利下げにとどまったため、市場が失望し、また株価が暴落したのです。

このように、今の不況には、金融引き締め政策をとった政府や日銀も絡《から》んでいるわけです。

攻撃《こうげき》を受けた「資本主義の精神」

金融引き締めを行った一方で、政策当局者には、「財政再建」という考えもあります。「やがて消費税を上げ、政府の財政を健全にしたい」という気持ちです。「バブル的なものを潰したい」という気持ちもあると思います。

それ自体は、正しい考え方のようにも聞こえます。

ちょうどそのころ、ライブドアの堀江《ほりえ》氏や村上ファンドの村上氏が逮捕《たいほ》されるということもありました。「ITバブルは許さない。『濡《ぬ》れ手《て》で粟《あわ》』のようにして儲《もう》けることや、そのようにして大儲けをした人は許せない」ということは、気持ちとしては分かります。

ただ、その影響《えいきょう》で、株式投資をしていた人の多くが大損をしてしまうことになりました。全体で何十兆円損をしたか分からないほどです。

以前、幸福の科学の雑誌「ザ・リバティ」誌上で指摘《してき》したこともあるのですが、あのようなかたちで検察庁が動くときには、たいてい不況になります。公務員の給料は法律で決まっていて、あまり上がらないので、「濡れ手で粟」的に儲かる人が悪人に見えるのです。そこで、〝悪代官〟を取り締まり、しょっぴいてしまえば、世の中が良くなるように考えるわけです。

ところが、その波及《はきゅう》効果は大きかったのです。「資本主義の精神」そのものが、かなり攻撃《こうげき》を受けました。そのため、発展・成長することが悪であるかのような風潮が煽《あお》られ、景気が急速に冷え込《こ》み、ＩＴ系の新興企業《きぎょう》の株価は軒並《のきな》み下がってしまいました。

結局、〝不幸を求めてしまう〟ということになったのです。

公務員や新聞記者は「実体経済」をもっと知るべき

こうした〝不幸〟を避《さ》けるには、検察庁、裁判所、税務署、警察庁などに勤めている公務員も株を買えばよいのです。個人で株を持てば、「どういうときに株が上がり、どういうときに株が下がるのか」ということがよく分かるからです。

それは新聞記者についても言えます。

例えば、一般《いっぱん》の人たちは、「日本経済新聞の記者たちは株について非常に詳《くわ》しいだろう」と思うかもしれませんが、彼らは個人的には株に投資していません。社員のグループで『日経225』のような標準的な銘柄《めいがら》を買うのであればよいのですが、個人で株を買ってはいけないとされているのです。また、家族などの名義で内緒《ないしょ》で買うこともできません。

日本経済新聞の記者だけでなく、ほかの新聞の経済記者も、個人的に株の運用はしていません。「自分が株を持っている会社について、良いニュースを書き、株価が上がったところで売り抜《ぬ》けたら、個人的利益が入る。そういうことは倫理《りんり》的《てき》によくない」という理由で、株の売買をしてはいけないことになっています。

そのため、記者たちは、自分自身が株で儲かるわけではないので、悪口ばかり書きます。企業にとっての悪材料をたくさん書くのです。しかし、彼らが個人的に株をやっていたら、もう少し賢明《けんめい》な判断ができただろうと思われることは、たくさんあります。

倫理として、「インサイダー取引が悪い」ということは分かります。しかし、新聞社の経済記者などが株をやるときには、それを社内で公開して透明性《とうめいせい》を持たせ、「誰《だれ》が、どの株を持っており、その売買で、いくら儲けたのか」ということが内部で分かるようにすればよいのです。

「不正な記事によって株価をつり上げ、利益を得た」ということであれば問題がありますが、事実を書き、それで株価が上がって儲かったのであれば、別にかまわないと思います。逆に、自分が書いた記事によって株価が下がれば損をするわけです。そういう経験をすると、実際の経済がよく分かるようになります。

しかし、経済記事を書いている人たちは、株をやってはいけないことになっているため、「実体経済」が分からないで記事を書いているのです。彼らにとっては、株で誰が儲けようが損をしようが、自分には関係のないことなのです。そういうところに問題があります。

金利の引き上げを〝勝ち〟と見る日銀

前述したように、現在の日本の不況の原因は、金融引き締め政策によるものであり、通貨の供給量も減っています。

私は、景気を刺激《しげき》するために、金利を引き下げ、ゼロ金利に戻《もど》すべきだと思います。しかし、それを日銀に期待するのは難しいかもしれません。

実は、日銀の内部には、「金利を引き上げたら〝勝ち〟で、下げたら〝負け〟」という考え方があるのです。例えば、日銀総裁が、五年の任期中に、「金利を何回上げて、何回下げたか」によって、〝何勝何敗〟という言い方をします。

そのため、景気回復のために金利を下げなくてはいけないときでも、〝負け〟になるので下げたがらないのです。むしろ、何回、金利を上げたか、つまり〝何勝〟したかで評価されるので、日銀は金利を上げたがるのです。

今の日銀総裁は日銀出身の人で、実は、現在の不況の原因となった金融引き締め政策を行った〝戦犯〟の一人です。

ちなみに、この人は、二〇〇八年の日銀総裁の人事で、民主党が政府提案の候補者を二人も拒否《きょひ》したため、日銀の理事から総裁になった人です。

そうしたこともあり、今の日銀には、ほとんど期待できません。

三十兆円の「銀行紙幣《しへい》」の発行で景気は回復する

そこで、私には、景気刺激策として、もう一つ考えがあります。

明治時代には、政府の紙幣《しへい》以外に、銀行からも紙幣が何種類も出ていました。銀行が紙幣を出すことができたのです。このやり方を取り入れたらよいと思います。

今、日本には、三菱《みつびし》東京ＵＦＪ銀行、三井住友《みついすみとも》銀行、みずほ銀行というメガバンクがあります。そこで、日銀券だけではなく、三菱東京ＵＦＪ銀行の一万円札を刷って発行するのです。同じく、三井住友銀行の一万円札や、みずほ銀行の一万円札も出せばよいのです。三十兆円程度の枠《わく》を決めて、各行が十兆円ぐらいまで発行できることにしたらよいと思います。

一万円札を刷ると、一枚のコストは約二十円です。単純に言うと、日銀は、一万円を一枚刷ると、九千九百八十円〝儲かる〟のです。この九千九百八十円は、国庫に入り、さまざまな政府支出に使われていくわけです。

今、銀行の株価が下がっていますが、決算で赤字が出て銀行の経営が悪化すれば、日本経済は壊《こわ》れます。そうならないようにするために、メガバンク各行が十兆円ぐらいずつ紙幣を発行するのです。

もし、三菱東京ＵＦＪ銀行券の一万円札を信用しない人がいたとしても、その人は、それを使わなければよいだけです。一方、「この銀行は潰れない。大丈夫《だいじょうぶ》だ」と思う人は、その銀行が出した紙幣を使うでしょうから、この一万円札は流通すると思います。

十兆円ぐらい刷って、九兆九千八百億円ほどの〝儲け〟が出れば、その銀行の赤字は全部消えることになります。（ただし、現行の会計処理を変更する必要はありますが、法律の改正で可能です。）

そして、メガバンクが刷った紙幣は、その全部を必ず企業への融資《ゆうし》に使うことにしておけば、お金はどんどん流通していきます。

そうなると、メガバンク以外の銀行も元気になっていきますし、融資を受けられずに困っていた企業も、融資が受けられるようになって元気になり、「よし、企業活動をしよう」ということになるのです。

政府に期待できなければ、民間のほうでやったらよいと思います。三十兆円ぐらいまでの枠をつくり、メガバンクが、それぞれ十兆円ぐらいまで銀行紙幣を発行すればよいのです。そうすると、一年ぐらいで景気は簡単に回復します。

財政政策だけでなく「金融政策」を活用せよ

私は宗教家ではありますが、政策があまりにもひどいので、一つの案として述べてみました。私の提案を、しっかりと受け止めてくれる人がいるかもしれないので、述べているのです。

今年《ことし》（二〇〇九年）中に景気を回復したければ、まず、日銀は、「ゼロ金利政策」を、もう一度、行うべきです。いったんゼロ金利に戻すのです。それから、「メガバンクも三十兆円ぐらいまでなら一万円札を出してもよい」ということにすれば、一年で魔法《まほう》のように景気は回復します。

これを「金融政策」といいます。景気刺激策には財政政策と金融政策があって、これは金融政策なのです。

ところが、政府は財政政策のほうばかりを考えています。いまだに「国のお金を使って公共投資をし、景気をよくする」という政策ばかり、やろうとしているのです。

そして、お金を使ってばかりで収入がないと赤字になるため、収入が欲しくて、「消費税率を上げる」と言っているのですが、国民は、「将来的には、十パーセント、十五パーセント、二十パーセントと税率が上がっていく」と予想しています。そのため、景気刺激策として国民に二兆円程度の定額給付金を支給しても、国民は、「どうせ、あとでたくさん取るのだろう」と思っています。これでは景気が回復するはずがないのです。

政府には「借金」だけでなく「資産」もある

もう一つ述べておくと、現在、政府の借入金は、全部集めると、おそらく九百数十兆円にもなると思いますが、その一方で、政府には資産もあり、それが少なくとも約六百九十兆円はあると言われています。（高橋洋一氏説を参考とした。）

その資産とは何かというと、例えば、国債《こくさい》等を発行して得た資金でつくった道路や橋などです。また、有価証券や貸付金もあります。

こうした資産が約六百九十兆円あるのです。政府は、実際には財産を持っているわけです。借金のほうは九百数十兆円なので、その差は三百兆円ほどです。
つまり、使ったお金がすべて消えてしまうのではなく、「政府が予算を使って道路をつくれば、その道路は国の資産になる」というように、財産もできているのです。さらに、その道路を使って、民間の商売が活性化し、収入が増えたら、国民の富も増えていきます。政府の懐《ふところ》には入ってきませんが、国民のほうには入ってくるのです。

そういうことも考えなくてはならないのに、「財政赤字がこれだけあるから、消費税を、十五パーセント、二十パーセントと上げていく」というようなことを、今から国民に言うことは、「不況をずっと続けるぞ」と宣言しているのと変わりません。

国会では、意味のない議論ばかりしていますが、国会議員の数も多すぎます。あれほどは要《い》りません。今の十分の一の人数でも十分に機能するでしょう。

国会で、首相に「漢字の読み方」を質問することなど、時間とお金の無駄《むだ》であり、やらないほうがよいのです。もう少し賢《かしこ》い人たちだけで、この不況を乗り越《こ》えていくための議論をしていただきたいと思います。

日本には智慧《ちえ》を持った人材が必要です。幸福の科学も、今、中学・高校や大学を創《つく》るなどして、有為《ゆうい》な人材を輩出《はいしゅつ》しようとしています。「なぜ宗教から、これほど世の中に役立つ人が数多く出てくるのだろう」と言われるような宗教となり、日本と世界の繁栄《はんえい》に貢献《こうけん》したいと考えています。

共に努力してまいりましょう。

第5章

日本《にっぽん》の繁栄《はんえい》は、絶対に揺《ゆ》るがない

2009年2月11日（東京都・幸福の科学 東京正心館にて）

1 暗黒思想に負けない「光の思想」を持て

経済は、人間の〝共通心理〟によって動いている

本章は、前章「信仰《しんこう》と富」の内容からもう一段踏《ふ》み込《こ》み、「日本《にっぽん》の繁栄《はんえい》は、絶対に揺《ゆ》るがない」というテーマで述べていきたいと思います。この時勢から見て、ストレートな話がよいのではないかと考えています。

さて、日本は今、どのような状況《じょうきょう》にあるでしょうか。日本は、世間のマスコミ、それから、出版業界等の論調を見ると、はっきり言えば、〝日本沈没論《ちんぼつ》〟の山です。

「恐慌《きょうこう》が来る。不況《ふきょう》が来る。政治は混迷《こんめい》する。あちらが潰《つぶ》れる。こちらが潰れ

る。レイオフになって、みな〝難民〟になって、凍《こご》え死んだり、飢《う》え死にしたりするのではないか」というような、「日本は沈没するのではないか」という話ばかりをしています。

「よくも次から次へと、想像力のたくましい人がいるものだ」と感動に値《あたい》するぐらい、「暗黒思想」の人々が大勢いて、それで〝メシを食べている〟ようです。そこで、私は、意識的に正反対の思想を打ち出し続けなければいけないと思っています。

これはもう〝思想戦〟なのです。暗黒思想に敗れたらそれまでです。暗黒思想に対しては、もっと明るい「光の思想」でもって、それを打ち消し、打ち勝ちたいと考えています。

したがって、今年は、私の説法も「不況対策」関連のものが増えていくと思います。

結局、「経済」といっても、その大部分は〝心理経済〟、心の動きによって動いている経済なのです。「人間の心、共通心理がどのように動くか」ということが大きいのです。

新聞やテレビなど、マスコミは、「悪いことは大きく報道する。良いことは小さく報道する」ということを基本原則にしています。また、「権力のある人のことは悪く言う。権力のない人のことは持ち上げる」ということも基本法則です。これをまともに受け取っていると、だんだん頭が〝洗脳〟されていき、そのように世の中が見えてくるので、「独自の視点」を持つ必要があります。

独自の視点を持つためには、それとは「まったく違《ちが》った考え方」を吸収し、考える材料の一つとして持っておくことが大事です。違う考え方が一つ入るだけで、物事は相対的に見えるのです。

宗教の立場から言うのは、ある意味、逆説的ではありますが、マスコミの発信する情報に〝洗脳〟されないように気をつけてください。マスコミは「邪教《じゃきょう》の洗脳」を解く仕事をしていますが、逆に、「マスコミの洗脳」を解くのが正しい宗教の仕事になっています。これが、現在、幸福の科学が置かれている立場です。

国民がマスコミの言説に〝洗脳〟を受けているため、これによって、みな同じほうへと心が動いていき、〝レミングの大量死〟のように、日本全体がバーッと海に突《つ》っ込んでいくような感じになるのを止めようとしているわけです。オバマ氏の「黄金の舌」ではありませんが、今、私はこの〝舌一枚〟で危機を止めようと、全国および世界各地で毎週のように説法を続け、戦っているところです。

「『脱《だつ》・洗脳』『脱・マインドコントロール』が宗教の使命」というと、読者のなかにはおかしく聞こえる人がいるかもしれませんが、実際、やっていることは、まさしくそのとおりです。

「日本の政治は悪い」という報道を鵜呑《うの》みにしていないか

現在マスコミが言っていることのなかには、おかしなものが数多くあるので、もう一度、よくよく考えてみたいのです。

例えば、政治等についても、「日本の政治はものすごく悪い」というような言い方をすることがあります。これは事実でしょうか。

これについては、戦後の実績を見てみればよいのです。

敗戦時の日本は、ＧＤＰ（国内総生産）そのものが算出できるかどうかのレベルだったはずです。それが、「戦後六十数年間で高度成長を果たし、世界で一、二の大国まで上がってきた」という成果を見るならば、一方では「経済一流、政治三流」という考えもあるとはいえ、やはり、必ずしも政治が悪かったわけではないだろうと思うのです。

マスコミは〝ないものねだり〟で批判をしていますが、結果的に見れば、優秀《ゆうしゅう》な政治家に恵《めぐ》まれていたのではないでしょうか。「経済人も優秀だったが、政治家も優秀だったのではないか」と私は思うのです。

「世界の他の国はどうなったか」ということと比べてみれば、客観的に見ても、日本は成功していると言えます。そういう見方は、決して、バイアス（偏向《へんこう》）のかかった、ずれた見方ではないでしょう。日本の政治家は優秀です。

政界は、政争ばかり、悪いことばかりしているように見えるかもしれません。テレビ的に皮肉ろうとすれば、国会でやじを飛ばし、論戦をしているところを映したあと、視覚効果として、動物園の猿山《さるやま》などを映すと、何だかそれと同じように見えてくるわけです。視聴者《しちょうしゃ》は「政治家もあんなレベルなのだ」という印象を持つだろうとは思いますが、それは一種の洗脳の手法なので、気をつけなければいけません。やはり、中身が問題なのです。

日本は、首相が一年ごとに代わっていて、まことに頼《たよ》りない国、〝漂流国家《ひょうりゅうこっか》〟のようにも見えるでしょうが、それとは逆の見方もあります。すなわち、「日本には首相の務まる人がいくらでもいる。本当は人材豊富なのだ」という見方です。

表現は適切でないかもしれませんが、今、政界で〝暴れている人たち〟、文句があって、もの申している人たちは、実は、「自分だって首相になれる」と手を挙げているわけです。さまざまな意見を言って、〝反乱〟しているようにも見えますが、「自分と首相の力は変わらない」と言いたいわけです。

「五年や十年は難しいかもしれないが、一年間だったら自分にもできる」ということで、手を挙げているのです。そして、実際に首相になってもらうと、本当に、一年ぐらいならできます。

「たらい回し」という言い方は悪く聞こえますが、実際には、「首相の務まる人がいくらでもいる」ということです。それほど力が拮抗《きっこう》していて、僅差《きんさ》なのです。そのため、首相はいつでも交代できるのです。選挙などしなくても、いつでも交代できるのです。また、首相経験者であっても、二回目はなかなかさせてもらえません。なぜなら、やりたい人がほかに大勢いるからです。

「首相が安心して散歩できる国」は〝超《ちょう》先進国〟

面白いことに、麻生《あそう》首相は、私邸《してい》を長く離《はな》れなかった理由として、「公邸だと近所を散歩できなくなるから」と言っていたのに、公邸に移ってからも、毎朝、国会議事堂の周りなどを散歩しているようです。あまり変装になっていませんが、フードをかぶって眼鏡をかけた格好で散歩をしています。

「公邸周辺を散歩する首相」というのは聞いたことがありません。警備のために邸内に〝封《ふう》じ込められている〟のが普通《ふつう》だと思います。

「毎朝、決まった時間に同じ場所を歩いている」ということは、仮に首相を狙《ねら》う者がいた場合、暗殺しようと思えば、どこからでも簡単にできるでしょう。麻生氏の好きなマンガだという『ゴルゴ13』の主人公にでも依頼《いらい》すれば、おそらく一発で仕留められるはずですが、平気で散歩をしています。

なぜ、平気で散歩ができるのでしょうか。それは、「首相の代わりになる人はいくらでもいる」ということを、日本人はみな知っているからです。

「もし、首相が殺されるような事態があったとしても、すぐに別の首相を立てることができ、国家機能が止まるほどの問題ではない。したがって、首相個人が狙われるおそれは少ない」ということは誰《だれ》でも知っているため、首相も安心して散歩できるわけです。

そういう意味で、日本は人材豊富な国なのです。

首相を出そうとすれば、自民党からは、すぐにでも、三人でも四人でも五人でも出せるでしょうし、民主党からでも出せます。どちらの党からも首相を出せるのです。人材が余っているため、〝暴れて〟いるわけです。

むしろ、「国が小さすぎるため、政治家の力が余っていて困る。もう少し国を大きくしたい」というぐらいの感じかもしれません。そのような見方もあるのです。

逆の考え方を一つ入れておくと、違う見方ができるようになるので、みなさんの〝マインドコントロール〟を解くために、私はあえて極端《きょくたん》なことを述べました。日本はそれほど安全な国だということです。

一方、アメリカの場合はどうでしょうか。オバマ大統領は、「黄金の舌」（英語ではsilver-tonguedで「雄弁な」の意味ですから、正確には「銀の舌」と言うべきかもしれませんが）と言われるように、スピーチの名手であり、尊敬されています。しかし、オバマ大統領が、毎朝、ホワイトハウスの周りを散歩したら、どうなるでしょうか。一年後も命があれば大したものです。暗殺を狙う者に囲まれていて、散歩などできるわけがありません。

そう考えると、いかに日本が平和で、国民のレベルが高いかが、よく分かります。アメリカの大統領は、最低でも四年、長ければ八年は続けるため、政策を変えさせたくても辞《や》めてくれません。暗殺でもしないかぎり、変えさせられないのです。

しかし、日本の首相の場合は、文句を言っていれば、すぐに代わってくれるので、暗殺する必要はないのです。実にいい国です。

支持率が下がれば、自主的に辞めてくれる人も多いし、権力に対して本当に淡々《たんたん》としています。一種の諦観《ていかん》とでも言うべきか、〝悟《さと》った〟首相が毎年出ているのです。

他の民主主義国に今も残る〝戦国時代の思想〟

独裁国家であれば、権力者は、軍隊を使ってでも、自分の権力は手放しません。反対者を投獄《とうごく》し、殺していきます。自分が死ぬまでは絶対に権力を手放さないのです。手放したら自分自身がやられるからです。「次の大統領によって刑務所《けいむしょ》に放り込まれるか殺される」というパターンが多いのです。

それは発展途上《とじょう》国だけではなく、韓国《かんこく》や台湾《たいわん》のように民主主義国と思われているようなところでも同様であり、「政権が代わると、すぐに前の大統領を逮捕《たいほ》し、刑務所にぶち込む」ということをしています。

実際に、韓国でも、台湾でも、そのようなことが行われました。その一族まで捕《つか》まえて財産を没収《ぼっしゅう》し、「犯罪人だった」という言い方をします。そして、息の根を止めるのです。

これは「恨《うら》みの思想」であり、戦国時代と変わりません。「一族みな根絶やしにしておかないといけない。子孫を残しておくと、復活してきて、復讐《ふくしゅう》されるかもしれない」といった考え方は戦国時代の思想です。いまだに、そのようなものが残っているのです。

日本では、そういうことはまったくありません。その意味では、非常に寛容《かんよう》であり、自由で、進んでいて、開けた国なのです。

「大統領が防弾《ぼうだん》ガラスに囲まれたなかで演説をしなければいけない国」と、「首相が公邸の周りを安心して歩ける国」と、どちらがよいかと考えれば、日本は悪い国ではなく、ある意味では「超《ちょう》先進国」だと思います。国民も立派ですが、政治家も立派です。

このように、マスコミによるマインドコントロールを解いて、物事はよく見たほうがよいと思います。

2　アメリカの〝ジャパナイゼーション〟が始まった

オバマ大統領の「対話」と「融和《ゆうわ》政策」とは、〝アメリカの日本化〟

前節に続けて、さらに述べておきたいことがあります。

オバマ氏が〝チェンジ〟と訴《うった》えて政権を取り、今、アメリカが変わろうとしていますが、その選挙戦の時代から含《ふく》め、少しずつ動き始めたチェンジの方向を、私はじっと見定めています。

そのなかで、「これからのアメリカで何が起きるか」ということについて考えを述べるとするならば、私は、「アメリカ合衆国の日本化が進む」と見ています。

すなわち、アメリカの〝ジャパナイゼーション〟です。

現時点（二〇〇九年二月十一日）において、これを指摘《してき》した人は、世界中にまだ誰《だれ》もいないと思われます。マスコミの報道にも一行も出てきません。

しかし、オバマ大統領が目指していることは、まさしく〝日本化〟なのです。彼は無意識のうちに、「アメリカの日本化」をしようとしています。政策を見れば、そのとおりです。

彼の政策の基本は、「融和《ゆうわ》政策」と「人間平等の思想を具現化する」ということです。これが彼の基本ポリシーですが、日本ではずっと前から行われてきたことです。「融和する」ということと、「身分の格差をなくし、平等社会を実現する」ということは、日本がすでに行《おこな》ってきたことであり、すでに成功していることなのです。したがって、今、オバマ大統領が向かおうとしている方向とは、これまで日本が辿《たど》ってきた道なのです。

初の黒人大統領として、これまで差別されてきた国民、黒人階級の引き上げをすることは、やはり、彼にとっての天命でしょうから、当然、行うことになるでしょう。そうすると、日本のような標準化した国、「平均的に〝誰もがそこそこ成功できる国〟をつくりたい」ということが目標になるはずなのです。

本人も自覚していないでしょうが、オバマ大統領の理想は、基本的には、「アメリカを日本のような国に持っていくこと」なのです。

アメリカ人の「所得格差」が、日本のレベルに向かおうとしている

オバマ大統領は、今、一年で何百億円も稼《かせ》いだり、千億あるいは兆の単位でお金を持っているような大金持ちたちには、「そんなに儲《もう》けてはいけない」と言い始めているわけです。高所得者の収入を圧縮しようとしています。

例えば、「各自動車会社をはじめ、公的資金の融資を受けて助けてもらっている企業《きぎょう》のトップが、ものすごい額の報酬《ほうしゅう》をもらっていることは許せない」と言っ

ています。今までは、公的資金を受けた金融機関でも、社長は、日本円にして数億円とか十億円といった報酬を平気でもらっていました。

しかし、そんなことは許されないということで、「公的資金が投入されたところのトップは、年収の最高額を五十万ドル（約四千五百万円。当時）までにせよ」という方針が出されたのです。

これはまさしく、「日本のレベルにぴったりと合ってきた」ということです。

日本には、兆の単位のお金を持っている大金持ちはいませんし、報酬についても、何億円も何十億円も取る社長はめったにいません。外国人社長の場合には一部例外もありますが、日本人社長で十億円や二十億円、五十億円も取ったら、社会的非難が集中するので、せいぜい数千万円で止まってしまうことがほとんどです。日本では、業界トップクラスの会社の社長でも五千万円ぐらいのところが多いのです。

今、アメリカも、日本のレベルに向かおうとしています。高所得層をそのくらいまで下げ、低所得層は引き上げようとしているのです。

オバマ大統領は、「肌《はだ》の色の違《ちが》いや出身地の違い、○○系の人といった差別をなくして、平等な社会を実現し、チャンスに満ちた国にしよう」と言っているのです。

日本の〝失われた十年〟を教訓にするアメリカ

そのようなことを考えていたところ、先日の新聞には、オバマ大統領が「日本の一九九〇年代」について言及《げんきゅう》した記事が載《の》りました。

「九〇年代、日本は大胆《だいたん》で迅速《じんそく》な行動をとらなかった（公的資金の投入が遅《おく》れた）ために、〝失われた十年〟というものがあった」と語り、それを教訓にして、早期の対策をとる必要性を訴えました。これは、ある意味で、当時の日本が〝モデル〟になっているということです。これも一つのジャパナイゼーションでしょう。

今、日本という国は、いつの間にか、知らず知らずのうちに、手本とするものがなくなりつつあるのです。

もちろん、まだアメリカのほうが進んでいるところも数多くあるので、それらを完全に無視せよとは言いません。

ただ、私たちは、この国を「麻薬《まやく》大国」にはしたくないし、銃《じゅう》で身を護《まも》ったり、殺人が数多くある国にもしたくありません。社会を腐敗《ふはい》する方向には持っていきたくありません。

日本では、近世の「刀狩《かたながり》」以来、「銃などの武器で身を護る」という文化を持たない国民気質になっているので、おそらくアメリカのようにはならないでしょう。

また、麻薬汚染《おせん》についても、一部で広がりつつはありますが、これも、アメリカと完全に同じようにはならないだろうと思います。麻薬汚染の原因は過度の競争主義にあります。過度の競争によって、精神的に参っている人は、精神科で解決できない部分を何とかしようとして、麻薬で解決を図ろうとしているのです。

しかし、日本のように平等社会的な面が強ければ、そこまでは行かないでしょう。

見習うべきところはまねてもよいのですが、そうでないところまではまねしないほうがよいでしょう。

そういう意味で、今後のアメリカは日本に追随《ついずい》するような政策をとってくる可能性が極《きわ》めて高いのです。

例えば、対イラン政策等でも、オバマ大統領は「対話」を中心にした融和的な政策をとろうとしています。おそらく、北朝鮮《きたちょうせん》や他の国に対しても、「対話」と「融和」で行こうとするでしょう。「軍事力を使わずに済むなら、そのようにしたい。できれば、核兵器なども使わないで済むような国にしたい」と考えています。

こうした考え方は、すべて〝ジャパナイゼーション〟、すなわち日本化です。「アメリカの日本化」です。「モデルは日本にある」ということです。

3　日本は他の国々の「モデル」になれる

日本は公害問題を乗り越《こ》えた「環境《かんきょう》先進国」

したがって、日本人はもっと胸を張ってよいのです。日本は意外に進んでいるのです。

環境《かんきょう》問題等についても日本は先進国です。

私の若いころ、一九七〇年代は、公害がひどく、「公害で人類が滅《ほろ》びるのではないか」と言われていました。

当時は、至る所で、工場から工業排水《はいすい》が垂れ流され、川の水は汚染《おせん》されていました。その結果、生まれてくる子供が障害を負ったり、さまざまな動物に奇形《きけい》が発生したりし、また、空は工場の煙《けむり》で真っ黒になっていました。

「このままでは、人類は公害で滅びるのではないか。世紀末現象とは、実は『公害で滅びる』ということではないか」と、マスコミも大騒《おおさわ》ぎしていました。

しかし、気がつけば、いつの間にか、公害問題は乗り越《こ》えていたのです。

これは、「企業《きぎょう》努力」によって乗り越えていったものです。

「公害を出さないようにしよう」と、各企業が工業排水や煙から有害物質を取り除くように工夫《くふう》しながら、一生懸命《いっしょうけんめい》にコストダウンも図り、乗り越えていったのです。その結果、川の水はきれいになり、魚が戻《もど》ってきたわけです。日本における環境問題への取り組みは、企業が自主的に行《おこな》ってきたことなのです。

この部分は、今後の中国もまねをしていかなければならないところでしょう。現在、中国の川は、工業排水が垂れ流されていて、泥《どろ》のように濁《にご》っています。このままでは、これからも奇形の魚が出てくるでしょうし、人間にも数多くの病気が流行《はや》ってくることでしょう。インドについても、おそらく同様のことが言えます。

環境面での先進国は、まだまだ、それほど多くはありません。

アメリカはというと、大量の二酸化炭素をまき散らしています。「石油文明」を築き、二酸化炭素を世界中にまき散らしたのはアメリカです。実に、世界における石油総生産量の約四分の一は、アメリカが消費しています。

このように考えていくと、日本は「環境先進国」でもあると思うのです。

日本は「国際紛争《ふんそう》の調停役」として最適の国

日本には、他の国々に教えるべきものがたくさんあります。「アメリカを教える」などと言うと傲慢《ごうまん》に聞こえるので、向こうは聞く耳を持たないでしょうが、少なくとも、中国やインド、アジア諸国の人たちにとってのモデルは日本にあるだろうと思います。日本をまねしたらよいのです。

また、中東の砂漠《さばく》地帯やアフリカのイスラム圏《けん》の人たちにも、今後、自国をどのようにしていくべきかを考える際に、「アメリカモデル」で行くかどうかという問題があります。

彼らは、「キリスト教文明」対「イスラム教文明」で、けっこうやり合っているため、そのままストレートに、キリスト教文明に〝帰依《きえ》〟したいとまでは、なかなか思わないでしょう。

「マクドナルドぐらいは受け入れてもよい」と思っているかもしれませんが、「アメリカ文明に完全に支配はされたくない」という気持ちを持っています。そのため、どちらかといえば、日本のほうに親近感を持っていると思われるのです。

今、オバマ大統領が、「イスラム圏」対「アメリカ」の戦争や、「イスラム圏」対「イスラエル」の戦いなどについても調停型で対応しようとしていますが、現実にそれができるのは、アメリカではなく日本だろうと思うのです。

イスラム圏から見たら、日本は、彼らと同じく有色人種の国です。しかも、強大な兵器を所有して世界に戦争を仕掛《しか》けることができるアメリカとも友好関係を持っているため、彼らもそれなりに日本を尊敬しているところがあります。

したがって、そうした対立の調停を買って出られる国は、実は日本なのです。日本は、その橋渡《わた》しをすべき立場にあるのです。

4　日本人は、もっと「英語力」に自信を持て

CNNやBBCの放送に「日本の話題」が出てこない理由

さまざまな意味において、今、日本は非常に有利な立場にあると言えます。

唯一《ゆいいつ》、ハンディがあるとしたら、「言語」の問題です。「日本語は『世界言語』になっていない」という点がハンディとしてはあります。これについても、何らかの考え方を持たなければならないと思います。

例えば、CNNやBBCというテレビ放送があります。CNNは全世界をカバーするアメリカのニュース専門テレビであり、BBCはイギリスの国営放送です。

私はそれらの英語放送をよく観ていますが、CNNやBBCでは日本の話題が

ほとんど出てきません。ずっと観ていても、まず出てこないのです。

その理由を考えてみると、日本では街頭で英語インタビューができないからでしょう。CNNが日本人に対し、街頭で英語のインタビューができるかといえば、できないのです。インタビューをしたくても、英語で答えてくれる日本人をつかまえるのが至難の業《わざ》であるため、まったくと言ってよいほど出てこないのです。

駅前には英会話学校が山のように並んでいるのに、街頭では〝インタビュー拒《きょ》否《ひ》〟をされるので、英会話学校の先生か通訳者でもつかまえて訊《き》く以外に方法がないのです。

普通《ふつう》の日本人をつかまえた場合には、みな、口を閉ざしてしまいます。

ただ、それは、日本人の英語能力が低いことを意味しているわけではなく、謙《けん》遜《そん》しているのです。恥《は》ずかしがっているだけであって、決して能力が低いわけではありません。

日本は、ＴＯＥＩＣ受験者数が他国よりも圧倒的《あっとうてき》に多い

ＴＯＥＩＣ《トーイック》やＴＯＥＦＬ《トーフル》など、英語の試験で国際比較《ひかく》をすると、確かに、「日本は、国力の割には順位が低めである」という見方をすることもできます。ただ、受験している人数を国の人口比で見てみると、日本では、年間、百数十万人もの人が試験を受けていて、明らかに他の国とは違《ちが》います。これだけの人数が受けていれば、平均点が下がるのは、ある程度、やむをえないことです。

よその国は受験者数が少ないのです。国によっては、あらかじめ受験者の足切りをして母集団を絞《しぼ》り、高得点が取れる人にだけ受けさせている可能性もあります。

例えば、「中国の平均点は高い」といっても、受けている人数を比べてみればよいのです。中国は日本の十倍の人口なので、受験者数も十倍いるならば分かり

ます。もし、日本の受験者が百五十万人のときに、中国の受験者が一千五百万人いて、しかも平均点が上だというならば大したものです。それならばフェアでしょう。しかし、実際の受験者数は数千人程度であり、それほど受けてはいないのです。

もし、優秀《ゆうしゅう》な人だけが受けていて、「点数が高い」と言っているならば、それはフェアではありません。

日本では、「受けたい人」が受けているため、やや低い点数になり、「アジア諸国と比べて低い」「アフリカ諸国と比べて低い」などと言われています。しかし、日本の受験者数はものすごく多いため、他の国と必ずしも同じではありません。したがって、日本人の英語力が低いわけではないのです。逆に言えば、「受けているだけ偉《えら》い」という見方もあるのです。

日本に弱点があるとすれば、「減点型」のテスト教育をだいぶ行《おこな》ってきたために、「勇気を持って話す」という教育のほうをあまり進めていなかった点です。

ちなみに、これは英語の先生についても同様です。実は、英語の先生も、勇気を持って話すのは苦手で、最近、「授業は英語で指導することを基本とする」という方針が出されたとたんに、みな猛《もう》反対して、まるで組合運動のようになってき始めました。

しかし、「英語で授業をする」とは言っても、一カ月もやればできるようになります。授業の内容は毎年同じなので、最初が怖《こわ》いだけで、慣れてくればできるようになるのです。同じ教科書を使っているのですから、それは、できるようになるに決まっています。

その意味で、最初だけ抵抗《ていこう》してはいますが、一カ月ぐらいやれば何とかできるようになるものであり、必ずしも先生の学力が低いというわけでもないのです。

世界各国の人の〝下手な英語〟に驚《おどろ》いた、私のニューヨーク時代

私は、かつてニューヨークにいたことがあり、他のさまざまな国から来た人たちの英語を数多く聴《き》きましたが、彼らの英語は下手でした。

日本では、例えば、「中国人は語学の才能があって、英語がうまいけれども、日本人は下手だ」「韓国《かんこく》人のほうが日本人より英語はうまい」「アフリカの人のほうが英語はうまい」などという話が、伝聞的に耳には入ってくるのですが、実際、私がニューヨークで仕事をしていたときの経験では、彼らの英語はお世辞にも上手とは言えません。

「『中国語だろう』と思って聴いていたら、実は英語だった」というようなことはいくらでもあります。「『これは巻き舌でピンピン跳《は》ねているから、中国語を話しているのだろう』と思ったら英語だった」「韓国語だと思ったら英語だった」

ということが何度もあるのです。

インド人の英語なども、聴き取るのは、けっこう難しいのです。「これは英語だろうか」というような英語をけっこう話します。

また、ＮＨＫが、十数年前にダライ・ラマに対してインタビューをしたときの番組を観て、同様のことを感じました。

仏教の思想、特に、「転生輪廻《てんしょうりんね》」の思想や「チベットの活仏《かつぶつ》」の思想など、宗教的質問をＮＨＫがぶつけ、ダライ・ラマが答えていた番組ですが、私はそれを観ていて、最初、「英語で答えている」ということが分からなかったのです。「チベット語というのは、何だか甲高《かんだか》い声で話すのだな」と思って、観ていました。字幕は見事な日本語になっているので、「ほう、チベット語を訳せる人がいるのか」と思ったのですが、ダライ・ラマの言葉のなかに英語らしい単語がちらちらと入っていたのです。「もしかして、これは英語を話しているのだろうか」と、じっと聴いてみたところ、どうやら英語らしいのです。

日本語の字幕を観ながら、よく聴いてみると、英語の単語らしい言葉が入っているので、「ダライ・ラマは英語を話していたのだ」と分かり、驚《おどろ》きました。

それでも、世間の人たちは、「偉い人だ」と思うと、聴き取りにくい英語であっても聴いてくれるのです。

本人は、どこの国の言葉かよく分からないような発音であっても、平気で〝英語〟として話しています。

それを翻訳《ほんやく》できる日本人も偉いと思います。翻訳して見事な日本語になっているのです。あの英語を、高僧《こうそう》が話したような言葉として、見事な日本語に訳してあったので、「すごいものだ」と感心しました。

英語圏《けん》ではない国の人の英語には、そのようなものがけっこうあります。

日本人の英語は、文法的にも正確で分かりやすい

ただ、そういう人々について言えることは、「彼らは恥ずかしくないらしい」ということです。日本人以外の人々は、たとえ英語が下手でも、恥ずかしくないようなのです。

「英語圏で生まれ、英語を使って育ってきた人が、英語を話すのは当たり前だ。英語圏でない所で生まれた人は、英語が下手で当然であり、何か話せるだけでも大したものだ」というような開き直りがあります。

ある意味で、彼らはチャレンジングで勇気があるのです。日本人にもそういう精神が加わればよいわけです。

もし、日本人のみなさんが銀座を歩いているときに、英語でインタビューされたとしても、〝日本人英語〟で話せばよいのです。

〝日本人英語〟は、文法的で、けっこう分かりやすいのです。英語独特の発音など、一定の苦手な部分をマスターしさえすれば、〝日本人英語〟は、実によく分かる、グラマティカルな英語です。日本人の英語は、文法的に正確な英語なので、他のアジアやアフリカの人たちの英語に比べて劣《おと》るとは、私は思いません。正確な英語を話しています。実に正確です。

そして、わずかなミスでも、深く反省をします。とても謙虚《けんきょ》です。「複数形の"s"を落とした」「冠詞《かんし》の"the"や"a"を落とした」などと言って反省している姿を見ると、「日本人は、なんという、心優しく、反省深く、奥《おく》ゆかしい民族か。実に立派な民族である」と感じます。

したがって、もう少し考え方を変えたほうがよいのではないかと思うのです。

5　外国の発展をも進める、〝開かれた国〟づくりを

漢字文化を広げるのは良いこと

本章の最初に、暗黒思想的なものに対する注意点を述べましたが、ものの考え方については、少し気をつけたほうがよいのです。

政治を例に挙げるならば、最初、麻生《あそう》氏は、マンガを読むのが好きな〝アキバ系〟の首相ということで流行《はや》り、ある意味で珍《めずら》しい政治家として注目されました。

次には、「首相が漢字を読み違《ちが》えた」というと、国会で野党の議員がパネルを出し、「首相、この漢字を読んでみてください」と言って、漢字テストをしている場面をテレビで流すなど、マスコミが騒《さわ》ぎ立てたこともありました。

ちなみに、これと同じようなことを中国などでやった場合には、普通《ふつう》は、官憲が来て逮捕《たいほ》されるでしょう。そういう国では、国家の権力者を侮辱《ぶじょく》するようなことをしたら、銃殺《じゅうさつ》されても文句を言えませんが、日本はそういうこともできるぐらい〝寛容《かんよう》な国である〟という意味では、素晴《すば》らしいのかもしれません。

さらに、「首相が漢字を読めない」ということをマスコミがいじめているかと思ったら、同じマスコミが、今度は、「儲《もう》けすぎている」と言って、漢検（日本漢字能力検定協会）をいじめているのです。しかし、これは少し矛盾《むじゅん》しているのではないでしょうか。

「そもそも公益法人制度における利益をどう考えるか」という問題は、別途《べっと》、検討の余地があるにせよ、少なくとも、「首相でさえ漢字が読めないのでは困る。この国の未来が危ない」と言うのであれば、漢字をしっかり教えて普及《ふきゅう》をさせなければいけません。より多くの人が漢字を読めるようになるほうがよいのならば、本来、漢検は発展していかなければならないものでしょう。「漢検が利益をあげている」ということは、受検者が増えていることも意味します。

最初は、「英検は人気があるが、漢検など人気があるはずがない。漢字検定を開催《かいさい》しても、〝客〟が来ない」という感じで細々とやっていたものが、だんだん人気が出てきて、受検者が増えたのでしょう。「漢検なるものを導入して、それを軌道《きどう》に乗せた」ということは、見事に事業を成功させたということです。これは立派な成功です。

その事業が発展することの意味に目を向けず、ただ利益の幅《はば》の問題だけを取り上げてバッシングするのは間違っています。

行政においても、「事業で得た利益を、さらに漢字文化を広げるために、新規分野に投資しなさい」というような行政指導をしていくべきです。

在日外国人にも漢字を教え、就職の支援《しえん》を

漢検は、最初の趣旨《しゅし》である、「日本人の漢字力を上げる」という目的を達したら、次なる発展を考えることが大事です。

「受検者も増えてきて、意識は定着してきた。では、そろそろ、次のフロンティアを拓《ひら》くべきである」というように考えなければいけないのです。

この「次のフロンティア」とは、いったい何でしょうか。

例えば、「在日外国人に日本語をもっと勉強してもらう機会をつくる」ということが考えられます。外国人にとっては、日本語を勉強することによって、就職のチャンスが増えるのは、ありがたいことでしょう。

外国人にとって、日本語で難しいのは漢字です。平仮名と片仮名は、それぞれ、英語のアルファベットを覚えるときの二倍ぐらいの時間があれば覚えられるはず

ですが、漢字を覚えられないために、外国人は日本企業《きぎょう》に就職することがたいへん難しいのです。

そこで、日本に来ている外国人のために、漢検は、安い値段で日本語をきちんと教える機会をつくり、就職できるようにすればよいのです。このような新しい仕事を、もっともっと進めることです。

「世界の大国」として、日本で学びたい外国人を受け入れよ

また、日本に来たがっている外国人は数多くいます。特に、アジア圏《けん》、アフリカ圏で、日本に来たがっている人々は大勢いますが、日本語が〝参入障壁《しょうへき》〟になっています。日本には、いまだに、ある意味での〝鎖国《さこく》体質〟が残っていて、日本語が話せない人間を〝人間〟だと思っていないようなところがあるのです。

「日本語を話せない人は国内に入れてあげない」というような感じでしょうか。

会社にも入れないし、生活する上でも、なかなか国内に入り込《こ》めないようになっています。

成田空港あたりでは、日本語、英語、中国語、韓国《かんこく》語等の案内板が掛《か》かっていますが、そこを出たら、あとはもう分からなくなります。いったん東京の街に出ると、外国の人はかなり苦労していると思うのです。

「日本に来たい」という人のなかには、本当に志のある人も数多くいると思います。そういう人たちに、いちばん教えなければいけないのは、やはり漢字でしょう。漢字が分からなければ、日本で生活したり仕事をしたりすることは難しいのです。

現に、大学入試を例にとると、「東京大学に入れる外国人」といえば、大半が中国・台湾《たいわん》系、韓国系の人など、漢字文化圏の国を中心としたアジアの人で、それ以外の所からはあまり合格しません。これは非常に不自然なことです。

アメリカの大学であれば、いろいろな国から来た人が合格しますが、日本の大学は、まだ、外国人に対して十分に開く気がないわけです。

しかし、日本は、今、世界の大国になっているのですから、これから、後進の人たちを教えるのは当然の仕事であり、受け入れなければいけないのです。

その意味では、「自分で勝手に勉強せよ」と言うのではなく、「日本語をしっかりと勉強してもらって、日本に来てもらう」という運動をもっとするべきです。

これは、麻生首相の著書のなかにも書いてありました。

漢検が次の発展のための投資をするのであれば、例えば、「日本へ行って勉強したい。日本へ行って仕事をしたい」という、さまざまな国の人に対し、無料のボランティア活動として漢字を教える仕事でもすれば、その利益も生かされてきます。

そういうわけで、発展そのもの、あるいは成功そのものを「けしからん」と言って、すぐ潰《つぶ》すようなカルチャーでは良くないのです。これは、日本の将来にとって極《きわ》めて良くないことであると思うので、こういう体質は考え直したほうがよいでしょう。

外国産の物を輸入し始めて、国民はさらに豊かになった

日本の将来を考える上で、「外国人の目から見た日本のあり方」を、いま一度、考えたほうがよいでしょう。現在は、日本人だけに有利で、外に対しては非常に不便な国になっています。

今、アメリカでは、「自国の製品を買え（Buy American）」などと言って、保護主義的政策に入ろうとしています。国内外からの攻撃《こうげき》を受け、やや揺《ゆ》れていますが、かつての日本も、ずっと同じことをしていたのです。

日本の政府や官僚《かんりょう》は、昭和三十年代や四十年代から保護貿易を続けていて、外

国産の物をなるべく入れないように抵抗《ていこう》することが仕事でした。当時、「国内産の牛肉だけを買え」「国内産のコメだけを買え」「国内産の野菜を買え」などと言って、外国産を入れないようにするために、政府や官僚はずいぶん頑張《がんば》っていたと記憶《きおく》しています。

私の小学生時代には、確かに、外国産の牛肉は食べられなかった記憶がありました。しかし、国内産の牛肉は高いので、たまにしか口に入りません。そのため、豚肉《ぶたにく》ばかり食べていたような記憶がありますが、あるときからオーストラリアの牛肉などが入り始めたように思います。

外国産のオレンジにしても、長らく、国内には入ってきませんでした。その理由は、「外国のオレンジが入ってきたら、日本のミカン農家が潰れる」ということでしょう。確かに、どちらかといえば、日本産は小さく酸《す》っぱいのに対し、外国産は大きくて甘《あま》いので、その心配も分かります。

そのように、「競争に負ける」と思って、日本産は保護されていましたが、あるときから、だんだん、いろいろな物が外国から入ってき始めたのです。しかし、それで国民が不幸になったでしょうか。なっていません。豊かになっただけです。

したがって、もっと国を開かなければいけません。かつての〝鎖国体制〟が残っていて、護《まも》りすぎています。まだ、そのような意識が残っている部分がかなりあるので、もっと開かなくてはいけないのです。

輸入による消費景気を起こすべき時期が来ている

国を外側に向かって開くにあたっては、やはり、「これからは外国の人たちを育てる」という気持ちを持たなければいけません。また、今、アメリカが「アメリカ製品を買え」と言って、「バイ・アメリカン」政策をしようとしてひんしゅくを買っているように、わが国が「日本の物ばかり買え」と言うのも、すでにひんしゅくを買う時代に入ったと思わなければなりません。

日本がこれだけの力を持ってくると、発展途上国に対して売れる物はあまりありません。逆に、発展途上国の物をできるだけ買ってあげなければいけないのです。

今、「円高で不況《ふきょう》だ」などと言っていますが、「円高である」ということは「円の力が強い」ということです。だからこそ、外国からたくさん買ってあげられるのです。外国から買えるものはどんどん買ったらよいのです。

これからの時期は、〝輸入景気〟を起こすべきです。輸入と輸出は、貿易における両面なのですから、円高のときには、どんどん外国のものを輸入し、それを国内で消費していくことです。また、その流通の過程でも儲けることができます。

したがって、輸入による消費景気を起こしていくべきです。これをしなければいけない時期に来ています。国の保護貿易ばかりを考えていてはいけません。輸入景気を起こすべきです。

発展途上国等の物を買ってあげるとどうなるかというと、日本のお金が落ちるので、その国が豊かになっていきます。豊かになり、教育水準も上がっていきます。そして、産業のレベルが上がっていきます。そうすると、次には、日本の高度な製品を買ってくれるお客さまがつくれるようになるのです。

そのように、「外国の物を買ってあげて、その国にお金を落とし、豊かにして、次は日本製品を買えるような国にしてあげる」というような循環《じゅんかん》をつくっていかなければなりません。

6　日本よ、世界のリーダーとして目を開け

日本のマスコミは、世界の最新情報をきちんと報道せよ

今、日本は、そのような開かれた国へと、努力して変わっていかなければならない時代に入っているのですが、いまだに「一国平和主義」で固まっています。とても頭が固いので、これは考え方を変えるべきだと思います。

日本人には、まだ視野の狭《せま》いところがあり、「この島国一国で平和だったらよい」と思っているようなところがあります。

「視野を広げる」ということに関して述べるならば、外国のマスコミは偉《えら》いと思うのです。世界各国の危険地帯でも、一生懸命《いっしょうけんめい》、取材に入っています。それに

対し、日本のマスコミはほとんど姿が見えません。「世界が報道してから、事後報告的に報道する人が少しだけ現地に入る」ということがほとんどです。これでは、サムライ精神が足りません。

日本の各新聞社やテレビ局は、〝斬《き》り込《こ》み隊〟をつくり、「すまないが、死んでくれるか」とでも言って、あえて危険地帯にも人を送り込むぐらいの取材をしなければ駄目《だめ》です。そうでなければ、新鮮《しんせん》なニュースなど取れません。

事件が起きている所、戦争が起きている所などには、どんどん人を送り込み、現地からレポートしてくるようであれば、マスコミも尊敬されます。しかし、それができないから、国内問題ばかりいじくっているのです。日本語で、国内のこと、日本人の悪口を言うのは簡単なので、それにかなりエネルギーを割《さ》いているように見えます。だから、尊敬に値《あたい》しないのです。

「もっと体を張って、行くべき所へ行け。紛争《ふんそう》地帯にも行って、きちんと報道しなさい」ということです。

国民は、もっと世界の情報を知りたいのです。「本当はどうなっているのか」ということをもっと知りたいのに、日本のマスコミ報道を読んだり見聞きしたりする限りでは分からないのです。外国のものを読まなければ、本当のことが分からないので、とても後れています。

世論の誘導《ゆうどう》についても、すべて国内問題ばかりに偏《かたよ》っています。

このように、現在の日本のマスコミは、報道内容のバランスが非常に悪いので、地球的視野で情報を集めて分析《ぶんせき》するように変身していく必要があります。

外国人にとっても〝優《やさ》しく住みやすい国〟づくりを

前節では、「外国からの輸入を増やし、買ってあげる。また、外国人にとって不便なところは改善していき、外国人にも優《やさ》しく住みやすい国に変えていかなければいけない」と述べました。

今、国内で外国人の報道がなされるときは、ほとんどが犯罪に関するものでしょう。「○○人が犯罪を犯した」「××人が人を殺した」など、そんなものばかりが出てきます。「外国人が良いことをした」という話は、ほとんど出てこないのです。

それから、今、外国人が日本に留学しても、おそらく、日本の企業《きぎょう》に就職するメリットはほとんどないでしょう。今の会社は〝鎖国《さこく》〟をしている状態であろうと思います。日本の学校に留学してきた人に対しては、企業もそれなりにきちんと扱《あつか》い、外国人がもっと実力相応に道を開いていけるような仕組みをつくる努力が求められます。

また、現在、ドルを持って日本へ来た人は、外国人がたくさん集まっている東京であっても、ドルで買い物をすることがほとんどできないでしょう。日本には、ドルで買い物をさせてくれる所はほとんどないと思います。しかし、海外では、シンガポールでも、マレーシアでも、観光地のような所では、ドルでもけっこう受け取ってもらえます。お土産屋《みやげ》さんは、電卓《でんたく》を叩《たた》いて、その日のレートに換算《かんさん》して売ってくれます。

日本でも、電卓で計算してレートを換算すれば、それで済《す》むことなのですが、ドルではなかなか受け取ってもらえず、円でないと駄目な店が大多数なのです。

そういう意味で、日本は、外国人の目から見ると、必ずしも住みやすい国にはなっていないので、もう一段の努力が要《い》るように、私には見えます。

日本は、そういう意味での国際化を、もう一段、進めていかなければなりません。世界のリーダーとして、まだまだ使命を果たしているとは言えないと思うのです。「もっと〝開国〟をしなければならない」ということです。

日本を自国のモデルとするべき国はたくさんあります。これから、そういう国々を十分に指導し、引っ張ってあげることです。「日本に学んで、このようにしなさい」と導いてあげる努力をすることが大事です。

7 「日本の時代」が始まろうとしている

ただ、全体的に見れば、私は、「日本の繁栄《はんえい》は、絶対に揺《ゆ》るがない」という確信を持っています。

今、あちこちの会社で人員整理等が進んでいることでしょう。一時的には、「景気後退だ」「不況《ふきょう》だ」といった局面も、多少はあるかもしれません。しかし、しばらくすれば立ち直っていくはずです。このなかで、きっと強くなっていきます。もう一段、強くなっていきます。

日本の企業《きぎょう》は、一九九〇年代に鍛《きた》えられて、かなり強くなっています。もう一回、あのような波が来たとしても、今回は、九〇年代の状況までは行かないと思います。すでに〝免疫《めんえき》〟ができているので、「どうしたらよいか」ということを、日本の企業はみな知っているのです。だから、これを乗り切っていくと思います。「必ず乗り切って、もう一段、強くなる。必ず強くなって、復活してくる」と、私は信じています。

そして、我田引水になるかもしれませんが、日本では、今、世界の宗教や民族の紛争《ふんそう》を終わらせるための最終的な解決策として、「幸福の科学」という教えが説かれています。

「この教えが広がるかぎり、日本の繁栄は、絶対に揺るがない」と、私は確信しています。

したがって、みなさんも、一時的な現象に惑《まど》わされることなく、自信を持って、精進《しょうじん》、努力を続けてください。

必ず未来は開けます。

すでに「日本の時代」が始まろうとしているのです。
今の苦しみは、陣痛《じんつう》の苦しみです。産みの苦しみなのです。
もはやアメリカは世界のモデルでなくなりつつあります。
日本が、今、世界のモデルになろうとしているのです。
そのなかにおける苦しみなのです。
「先生役がいなくなったときに、あなたは独り立ちできるか」
という苦しみが来ているのです。

今、日本は、「この不況をどのようにして乗り越《こ》え、立ち直っていくか」ということを、世界の人たちにお見せして、「こういうふうにしなさい」と教えるべき立場にあります。そのような立場を自覚して生きていくことが大事なのです。どうか、暗黒思想に負けることなく、「明るい未来」を強く信じていただきたいと思います。

あとがき

不況など、過去、何度も起きたことだ。先人《せんじん》たちは、汗を流し、智慧《ちえ》をふり絞《しぼ》って、幾度《いくど》もこうした試練《しれん》を乗り越えてきた。

問題は、アメリカ合衆国やヨーロッパが、もはや人類の教師でもなく、日本人の手本でもなくなったということだ。中国やインドが日本に指導的意見を言うのは、五十年は早かろう。

私たちは、もはや、自《みずか》ら道を切り拓《ひら》き、時代のリーダーとならなくてはならないのである。世界は、日本から新しい思想が生まれてくるのを待っている。そして西洋と東洋の壁、文明の衝突《しょうとつ》を乗り越える時をカウント・ダウンし始めている。「イエス・ウィ・キャン」は何もオバマ・アメリカ大統領の専売特許《せんばいとっきょ》ではない。「イエス・ウィ・ジャパニーズ・キャン」である。これから数多くの天才が日本から生まれてくるだろう。彼らは必ずや、新しい時代を、そして新しい文明を、創り出してゆくことだろう。

二〇〇九年　三月

幸福《こうふく》の科学総裁《かがくそうさい》　大川隆法《おおかわりゅうほう》

本書は左記の法話をとりまとめ、加筆したものです。

第1章　不況を乗り越えるポイント
二〇〇八年十一月二十三日説法
東京都・東京正心館にて

第2章　成功への道は無限にある
二〇〇八年十月二十六日説法
和歌山県・和歌山支部精舎にて

第3章　未来への指針
二〇〇九年一月二十五日説法
東京都・東京正心館にて

第4章　信仰と富（原題　信仰と奇跡）
二〇〇九年二月八日説法
三重県・津支部精舎にて

第5章　日本の繁栄は、絶対に揺るがない
―したたかなビジネス・パーソンへ―
二〇〇九年二月十一日説法
東京都・東京正心館にて

『日本の繁栄は、絶対に揺るがない』大川隆法著作参考文献

『朝の来ない夜はない』（幸福の科学出版刊）
『経営入門』（同右）
『愛は風の如く』（全四巻、幸福の科学出版刊）

日本《にっぽん》の繁栄《はんえい》は、絶対《ぜったい》に揺《ゆ》るがない　―不況を乗り越えるポイント―

2009年3月27日　初版第1刷

著　者　　大《おお》　川《かわ》　隆《りゅう》　法《ほう》

発行所　　幸福の科学出版株式会社

〒142-0041 東京都品川区戸越1丁目6番7号
TEL(03)6384-3777
http://www.irhpress.co.jp/

印刷・製本　株式会社 堀内印刷所

落丁・乱丁本はおとりかえいたします

ISBN978-4-87688-387-5 C0030

大川隆法 ベストセラーズ・**不況を乗り越える。**

大反響
発売中

どうする日本経済 どうなる国際情勢
混迷する日本と世界への緊急提言

朝の来ない夜はない

「乱気流の時代」を乗り切る指針

宗教家・大川隆法が、
宗教の枠を超えて、
「世界金融危機の見通し」や
「日本が果たすべき使命」を
緊急提言。
不況対策をテーマとした書
『日本の繁栄は、絶対に揺るがない』
とともに、現代人必読の書。

1,600円

第1章　朝の来ない夜はない
――危機の時代にこそ、「新しい価値」を生み出す努力を

第2章　ニューヨークで考えたこと
――世界金融危機の見通しと、日本が果たすべき「大国としての責任」とは

第3章　必勝への道
――個人と組織に必ず勝利をもたらす不況期の心構え

第4章　仏国土ユートピアの実現
――オバマ政権の誕生で、アジアに迫る戦争の危機

第5章　一日一生で生きよ
――宗教対立とテロ問題を解決し、世界に平和をもたらすために

※表示価格は本体価格(税別)です。

幸福の科学

あなたに幸福を、地球にユートピアを――
宗教法人「幸福の科学」は、
この世とあの世を貫く幸福を目指しています。

幸福の科学は、仏法真理《ぶっぽうしんり》に基づいて、まず自分自身が幸福になり、その幸福を、家庭に、地域に、国家に、そして世界に広げていくために創られた宗教です。

「愛とは与えるものである」「苦難・困難は魂を磨く砥石《といし》である」といった真理を知るだけでも、悩みや苦しみを解決する糸口がつかめ、幸福への一歩を踏み出すことができるでしょう。

この仏法真理を説かれている方が、大川隆法総裁です。かつてインドに釈尊《しゃくそん》として、ギリシャにヘルメスとして生まれ、人類を導かれてきた存在、主エル・カンターレが、現代の日本に下生《げしょう》され、救世の法を説かれているのです。

主を信じる人は、どなたでも、幸福の科学に入会することができます。あなたも幸福の科学に集い、ほんとうの幸福を見つけてみませんか。

幸福の科学の活動

●全国および海外各地の精舎《しょうじゃ》、支部・拠点等において、大川隆法総裁の御法話拝聴会、反省・瞑想《めいそう》等の研修、祈願などを開催しています。

●精舎は、日常の喧騒《けんそう》を離れた「聖なる空間」です。心を深く見つめることで、疲れた心身をリフレッシュすることができます。

●支部・拠点は、あなたの町の「心の広場」です。さまざまな世代や職業の方が集まり、心の交流を行いながら、仏法真理を学んでいます。

幸福の科学入会のご案内

◆精舎、支部・拠点・布教所にて、入会式にのぞみます。入会された方には、経典《きょうてん》「入会版『正心法語《しょうしんほうご》』」が授与されます。

◆お申し込み方法等については、最寄りの精舎、支部・拠点・布教所、または左記までお問い合わせください。

幸福の科学サービスセンター
TEL 03-5793-1727
受付時間 火～金：一〇時～二〇時
土・日：一〇時～一八時

大川隆法総裁の法話が掲載された、幸福の科学の小冊子（毎月１回発行）

月刊「幸福の科学」
幸福の科学の
教えと活動がわかる
総合情報誌

「ヘルメス・エンゼルズ」
親子で読んで
いっしょに成長する
心の教育誌

「ザ・伝道」
幸福になる
心のスタイルを
提案

「ヤング・ブッダ」
学生・青年向け
ほんとうの自分
探究マガジン

幸福の科学の精舎、支部・拠点に用意しております。
詳細については下記の電話番号までお問い合わせください。

TEL 03-5793-1727

宗教法人 幸福の科学 ホームページ　**http://www.kofuku-no-kagaku.or.jp/**